誰能不在意別人的眼光？

通過「眼光」這一關，成為更好的自己

朴世光——著

Thank God
&
Thank for

Jae Joon Park
Wei Ting Zhang
Alex Chiang
Skyler Chiang
Jaden Chiang

【推薦文二】

朴世光的心靈之書，讓每個人都能擁抱自己的力量

余湘／媒體教母・「知行者管理顧問學院」創辦人

與世光的認識，始於一次活動的偶遇。當時，她以主持人的身分帶領著活動，展現了非凡的專業素養與親和力，加上言談間總帶著溫暖與智慧，讓我深感共鳴。後來得知世光是一位諮商心理師，且長期致力於幫助人們走出內心的困境，我對她的作品更充滿了期待。

《誰能不在意別人的眼光？》是世光的第一本著作，書中她以心理學專業為基礎，融合了自己多年的臨床經驗，針對人們普遍面臨的心理困境——在意他人的眼光，進行了深刻的探討。這本書的魅力在於，它不僅幫助讀者理解

「在意眼光」的根本原因，更提供了切實可行的建議，幫助人們學會如何選擇性地「在意」。

閱讀這本書，讓我回想起自己在職業生涯中的掙扎。從一開始的總機小妹到後來擔任媒體購買集團的總裁，我一路走來經歷了無數的挑戰和磨難。每一個決策、每一次發言，都會受到外界的關注和評價。在這樣的情況下，我學會了如何將他人的期望與眼光化為推動自己前進的動力。這一點，我在世光的書中得到了極大的共鳴。

她提到許多人面對他人眼光時，會感到焦慮、壓力，甚至迷失自己；並分析這樣的心理現象往往來自於家庭成長經歷與自我認同的困惑。作為一名領導者，我深刻理解這一點。我的職業生涯並非一帆風順，我也曾面對來自各方的評價與期望。在這些過程中，我學會了如何平衡外界的眼光與內心的自我認同。世光在書中提到的「將別人的眼光轉化為正向力量」，對我來說，這正是職場生涯中最重要的一課。

這本書的最大價值，就在於它能夠幫助每一個人從內心找到力量，無論是面對職場的競爭，還是日常生活中的挑戰，我們都可以學會從容應對。世光的文字不僅是專業的指引，更是對人性的深刻理解與同理。她用自己的筆觸，引導我們如何在不斷變化的社會中，保持內心的平靜與力量。

對於在社會壓力中努力尋求自我定位的每一個人，這本書如同一位真誠的朋友，時時刻刻提醒我們要學會愛自己、尊重自己。世光的書寫風格充滿關懷，不僅傳遞知識，更在字裡行間注入溫暖的力量，讓讀者感受到作者的陪伴。這讓我相信，閱讀這本書不僅僅是知識的學習，更是一場心靈的療癒之旅。

【推薦文二】

讓你拿回人生自主權的指引之書

林以正／齊行國際顧問公司資深副總・前台大心理系副教授

找回生命的自主權

追求生活所需是人之常情，但如何掌握「適度」卻是一大課題。就如同面對美食，我們常在不自覺中攝取過多熱量。能否在臨界點踩下煞車，是人生重要課題。

《莊子・人間世》提到：「多則擾，擾則憂，憂而不救。」意指一旦超過界限，便會失去自主性，被煩惱和憂慮所困。此書雖然聚焦於「在意他人眼光」，但我認為世光更深層地探討了如何拿回生命自主權。

如何提升對過度與否的覺知

對於「在意」這件事，是否過分了？是否平衡拿捏得很好？因為它是個人內在隱而不顯的歷程，要能夠達成清楚的覺知，就變得非常困難了。倘若關鍵在於必須先達到「覺知」自己是否過度在意了，那麼就得要有非常清楚明白的指標來檢視自己的狀態，並且據以提供修正行動的回饋。

世光經過多年實務的淬鍊，在本書中提出了三個具體的自我檢查標準，分別是一直追求：難以達成的理想形象、難以停止的強迫性「應該」思維、難以壓抑的自卑糾結。如果你經常感受到自己所設定的理想形象已經不再提供動力，而是壓力；內在的聲音總不自主地批判著自己應該如何；遇到困頓，很快開始嚴重懷疑自己——那麼你可能已經掉入過度在意的陷阱了。我很喜歡這三個可以用來檢視是否過度在意的具體指標，而在覺察之後，世光也針對每一個陷阱提供了非常具體的應對策略，我也同意這些應對策略都很符合正向心理學的理論，是在紮實的理論與證據基礎下所衍生出的有效方法，值得好好嘗試。

知其然也要知其所以然

覺知並採取了適當的應對策略之後，倘若我們能夠更深入地探究上述這三個陷阱為何這麼容易地困住我們，那麼生命的轉化或許可以更上一層樓。對此，世光提供了五個家庭原型的分析。

我在閱讀這些家庭原型的討論時，似乎感受到自己會不自主地產生一些抗拒。亦即，我的家庭並沒有這麼糟糕吧？我的成長經驗真的有這些創傷嗎？如果我承認有這些可能的問題，是否就否定了父母親對我的愛與照顧？而我自己是否也是其中的一種壞爸媽？

對此，我建議讀者先不要急著對號入座。每個為人父母者，都不會是聖人，也都會在不同的狀況中遭遇各種困難。所以，當我們閱讀這些家庭原型時，並不是要將我們的家庭扣上帽子，而是想像這些是每個人成長經驗中多多少少都會累積下來的一些灰塵。當我們看見了這些灰塵所遮蓋的自己，我們就能夠有機會做一些清掃，還給我們更乾淨清爽的自我狀態。

因此，世光在第六章也提供了非常具體有效的清掃工具，我建議大家可以選擇目前最有共鳴的策略開始練習，再依循指導逐次地擴大學習，慢慢就能把那些累積在潛意識中的垃圾完全清除乾淨。

改變是找回更好的自己

人生自然是充滿各種挑戰，也會留下或多或少的傷痕。但你的英雄之旅，還是可以在這些困境之中發光發熱，並且成就那個自主自在的自己。而要避開中途的陷阱，需要清楚覺知的智慧，支撐持續成長的動力，以及有效前行的方法。覺知、動力、與方法三者缺一不可。

世光在本書中，以「在意他人眼光」為題，很具體地提供了完整的架構。值得大家好好地體會，也很適合當作自我檢查與練習的工具書。但我認為這本書的精神還不只如何適當地掌控「在意」這件事，你也可以擴展去思考什麼是適當的努力、適當的成功生涯、適當的人際界限等等議題。對於拿回人生的自主權，閱讀這本書，或許是一個起點，更可以是一本參考書籍，甚至是一個檢視架構。作者用她的生命經驗來陪伴你往前走，也期待你好好陪伴自己前行。

【推薦文三】

一起走出人生新路

許超彥、Susan黃述忱／鋼鐵人醫生夫婦

世光心理師是我們夫妻自大學時期就認識的好朋友。這二十多年，我們經歷了高低跌宕的生命歷程。很幸運，身旁能夠有這位良友，一直給予我們最暖心的支持。

還記得我（超彥）經歷癱瘓的意外時，太太Susan身為照顧者，心裡承受許多衝擊。當時世光溫柔且設身處地關懷她，幫助她走出情緒低谷，站穩腳步。世光真的是我們生命中的大天使！

在我精神科醫師執業期間，有機會與世光合作，一起幫助病人康復，看到案主在她的諮商協助中一步步成長，克服生命的難題，真是美好！

我發現世光不但溫暖，對人的情緒有極高的敏銳度，很能夠同理對方，與案主同一陣線，結合聖經的智慧，讓她更有清晰的眼光，能協助個案在困難疑惑中，引導他們分辨前進的方向。

我們很為世光心理師高興，她將多年來豐富的執業經驗，搭配專業心理學知識，集結成為這本好書！我認為「在意別人眼光」的確是華人社會心理議題背後的大魔王。身為華人，我們有數不清的潛規則，小到關係的互動，大到人生目標、生命價值，都受到旁人的影響，被社會眼光所衡量與定義。因此，當自己過得不如社會期待的樣貌時，有時會收到別人的「關心」，有時則會為自己加上無形的枷鎖，成為肩上的重擔。

所以，許多人期待自己過得灑脫，但是誰能夠擺脫這個緊箍咒？要完全不在意別人眼光不但是不可能，也是不可行的！太過在意將導致過度焦慮，完全不在意則會被稱為白目。我很欣賞本書中，世光重新詮釋這個讓人感到壓力的詞彙：「在意別人眼光是一種有意識的社交智慧，是為了能促進關係良好的連結……能克服負向情緒的糾纏，自我肯定、健康且生活平衡地達成目標」。只要學習正向看待，分辨在意的著重點，在意別人眼光能夠成為美好的人生智慧，幫助我們與他人有和諧且美好的關係！

最後，想分享一個自身的小故事，呼應書中的觀點。十多年前，我意外地下半身癱瘓，經歷多次的手術與長時間復健後，勉強回到心理衛生中心，重新擔任精神科醫師，看診執業。還記得收到第一個月的醫師薪水單，只有幾百元。當時我住在岳父母家，跟岳父分享到這個，我哭笑不得，他也尷尬地說不出話來。這與我們內心對醫生的「理想形象」可真是差得太遠了啊！

還好，我重視上帝的眼光，勝過於社會價值定義什麼是一個「成功的醫生」。我知道坐在輪椅上的自己，只要走好每天的一小步，發揮我有限的能力去幫助身旁的人，哪怕力量微小，也能帶來珍貴的價值！當我們夫妻內心有堅定的信念，身旁有家人朋友們溫暖的支持，勇氣經年累月地累積，最終能走出一條新路。

世光心理師在本書中給出實用的指引，相信能幫讀者更深入覺察自己被什麼所塑造，也能有智慧分辨這些眼光的價值。願我們都有勇氣做出抉擇，有毅力堅持，活出屬於自己的幸福！

國內各領域名人好評推薦

小嬰孩們好純真，剛出生時，哭聲成了他們傳達需求的方式，沒有掩飾，沒有顧忌，然而，隨著我們長大，溝通的方式越來越多元，該如何表達，我們的心思變得複雜，究竟該不該在意別人的眼光？

終於在眾所期盼下，世光以她專業心理師、諮商所所長的角度，用她溫暖的文字詳細地讓我們明白，通過眼光這一關，我們若細細省察，能夠成為更好的自己。這世上沒有人是完美，我們需要接納自己的不完美。人生的旅程，困難與挑戰人人不盡相同，「別人的眼光」在意與不在意之間，都是心境的修煉，接納自己偶爾的失誤與不完美，不再焦慮，做最真實的自己。如同世光在這本書提醒我們，別人的眼光或有熬煉人心或有鼓勵讚美，不妨往內心去尋找答案與平衡，記取讚美、忘卻不實的批評並帥氣地拋諸腦後。期許我們都能成為更好的自己，並且是自己所欣賞的。

——**Kelly何太**／愛可落實品牌共同創辦人．知性媒體主持人

一部嘔心瀝血之作

本書提出「在意別人眼光」是一種內在能量的消耗，與其他眾多心理學書籍不同的是，本書著重在如何將我們的視線反轉，先對抗腦中的眼睛，才能自由地看自己，自在地被看見，並且丟掉許多糾結的「必須」與「應該」。不同於許多心理學者強調對他人的同理心，作者提出了對自己同理的重要性，以此平衡自己和他人的需求。本書強調人與人之間沒有可比性，真實的自我才最具有力量，才能避免自卑情結踐踏自尊，也才能避免錯誤的人生目標設定。本書直接丟開了表面療癒的工作，要讀者直接與自卑感共處，傾聽內在的聲音，

嘗試看見負向情緒的正向意義，進而開啟無能感和成就感的轉換，因為與不安共處才能合理看待自己，無所畏懼的身心靈內省才能看見獨一無二的自己。

作者藉由理論和故事的交錯，帶領讀者打破人際間成功與失敗的定義，讓讀者看見並且肯定自己內在的需求與獨特的價值，才能不過分在意別人的眼光。

——**吳佳憬**／精神科醫師．主愛心靈診所院長

那些能夠獨自飛翔的人，擁有最強韌的翅膀

我在最大規模的國際比賽裡，成為首位創下紀錄的亞洲人。如果網路搜尋我名字，會看到外交部祝賀與各新聞媒體的專訪，看似我已經實踐了當初投入巧克力志業的遠景：「成為巧克力天后」，但其實在漫長的奮鬥過程中，我一路不斷被人潑冷水、有時因女性身分在男性主導的產業裡，遭遇被男性刻意貶低、有時也會面對社會框架對女性的刻板限制。

在還沒做出成績的那些年間，我常安慰自己的一首歌就叫做〈眼光〉，其中有段歌詞是：「誰能跨過艱難，誰能飛越沮喪……上帝的心看見希望，你的心裡要有眼光。」

培養自己正向看待自己的眼光，就不會在別人的眼光中迷失自我！

——**吳葵妮**／蟬聯四屆巧克力世界冠軍「Q sweet 巧克力菁點」創辦人

我是一名兒童青少年精神科醫師，來自他人的眼光，的確是許多被人際關係所困擾的青少年、成人十分在意的事情。在診間與個案的家庭工作時，父母親常常說：「我們沒有給他壓力啊，不知道為什麼他要給自己那麼高的要求。」我特別認同書中提到每個人都有隱形的理想形象在腦中，當不符合那個形象，接踵而至的是挫折、憤怒、悲傷。世光用她一貫的溫柔療癒我們那些傷痛，闔上這本書時，我們迎來成長。

——**洪珊**／精神科醫師．台劇《我們與惡的距離》醫療顧問當一個生命來到世上，無論是富貴貧賤，每個小生命必然要經歷許多「我不能……」、「好想……但不可以」、「我好笨……」、「我很醜……」等等的自我對話或意念，對小朋友而言，成長的過程本來就包含仰人鼻息的成分，一個生命的生存與安適是需要身旁有權力、有資源的人才能獲得保證的。

所以兩個很基本的心理狀態在生命中就會自然表現出來，一個是「我需要被關愛、被讚美、被肯定……」，另一個則是「我覺得自己很笨、都是你們害的、我被忽略了、你們怎麼可以這樣……」，這兩種被稱為「基本焦慮」與「基本敵意」的負面情感交織在人一生的歲月中，所有的愛恨嗔癡、恩怨情仇都由此萌生，也成為許多人一生最大的「執念」，並且困惑、傷害人的生命，也讓人彼此傷害。

喜聞世光心理師的大作《誰能不在意別人的眼光？》問世，為這糾結人生的「死結」提供了一個有效抒解的方法，文筆洗鍊流暢，字裡行間滿是真誠，是值得每一個人好好閱讀收藏的好書，謹誠摯推薦之。

洪英正／前好消息電視台家庭關懷中心主任・前淡江大學學生輔導組主任・華人愛心協談與健康家庭促進協會執行長・心理學課程教授

我喜歡這道光

朴世光心理師有一種獨特的魅力，她總是微微俯身傾聽、適時點頭示意，用溫暖且理解的眼光接住每一個不安的靈魂，以一種通透事理卻不說破的默契，陪伴每一個糾結困頓的心靈。

在這一本書裡，她把陪伴許多心靈復甦的經驗寫成一本生命篇章，從探究自己原生家庭著手，提醒讀者們從多種焦慮的關係裡覺醒，勇敢走上超嗨的高空蔓藤路。而當我們能站在制高點俯看生命長河時，或許能更坦然地對接別人看自己的目光。然後，我們才能轉念，相信那是一種有意識的社交智慧，是為了能促進關係良好的連結，也是照亮生命角落的機會。

我喜歡這道光，那是能看見各種心情幻化、關係變化的眼光，在光裡，生命刻痕更具有彈性韌性，也更能顯現獨特的光彩。

——**施雅慧**／臺北市私立延平高級中學校長

「以銅做鏡可正衣冠，以人做鏡可明得失」，生活中親友同事網友的互動與反饋就像照鏡子，讓我們了解自己的內在樣貌，去除盲點提升自我，這原本是好事。

但這些外在多元聲音意見，可能是凸透鏡凹透鏡哈哈鏡，往往會扭曲了自我真相，搞得自己無所適從，活得很內耗、很不快樂，最後迷失了自己。不管他人眼光，會變成自大自傲，過度在意別人眼光，又會失去自我。如何把別人的眼光意見，擷取轉化成對自己成長的養分，世光老師這本書有很實用的案例與解答做法，讓我們活得更自在，活出自我的價值，是苦悶現代人自我救贖解方。

——**楊田林**／企業人文講師

讀這本書好像也重溫了一趟自己的生命歷程，二十五歲勇敢捨棄當時被視為鐵飯碗的中廣播音員工作，投入未知的電視領域；三十一歲放下令人稱羨的三台主播光環赴美留學；六十歲離開舒適圈，開啟第二職涯。原來我一向勇於探索更多可能，是因為我有來自家庭給我的安全感以及工作建立起的自信，比較能夠超越別人的眼光。謝謝世光認真且毫不保留地分享她在助人工作中累積的智慧與深刻體悟，一般讀者可以把這本書當作一幅地圖，幫助自己探索在意他人眼光的根源，而對於專業助人者也有啟發與提醒的價值。

閱讀這本書，讓我想起一個午後，與世光的一段真誠相遇。她真摯溫暖的態度，就像這本書中描繪的與每位來談者之間的互動——支持性十足且深刻動人，讓我反思不忘初心，與世界溫柔相待。

靳秀麗／諮商心理師

柯志恩／中華民國立法委員

洪啟仁／前安侯國際財務顧問（股）公司董事長．前KPMG台灣執行董事

秦嗣林／台北市大千典精品質借（當舖）機構執行長

郭庭均／台大醫院外科部主治醫師

一致熱情推薦！

（以上皆按姓名筆劃順序排列）

目錄

〈自序〉為自己的心勇敢站出來 026
在意小測驗 038

1
不在意別人的眼光真的好難
對於那些「想被看見」的人 044
怎麼能不在意別人的眼光 049
何者要擺脫？何者該在意？ 055

2
〔通病一〕**驢子與紅蘿蔔——我要達到理想形象**
這真的是你要的嗎？ 062
追求理想形象的下場 069
告別追趕理想形象的撇步 074
SECRET TIPS 077

3

〔通病二〕推巨石的薛西弗斯——「我應該要做到」的強迫性行為

「必須」、「應該」的心態 080

自尊受傷導致強迫性的行為 083

SECRET TIPS 087

4

〔通病三〕喬裝麒麟露出馬腳——藏不住的自卑感

每個人天生都有自卑感 090

超越自卑感，不能遺失同理心 096

自卑陰影的癥結，就是需要被討厭的勇氣 103

自卑情結懶人包 108

SECRET TIPS 115

5

五種家庭類型——探查三大通病的根源

你生長的「土壤」是哪一種呢？ 120

1．高壓威脅自主的家庭 126
2．高焦慮（焦急、叨念、負向思考）的家庭 133
3．沒有陪伴的家庭 139
4．悲情的家庭 144
5．轉換主要照顧者的家庭 150
屬於我的家庭類型 154

6

從焦慮的關係裡覺醒

勇敢走上高空蔓藤路 160
站在制高點看全局 168
開啟一把劃定結界的傘為你擋風遮雨 179
你可以是冰、是水或白煙 186
活出屬於自己的生命色彩 194
將你的心裝滿愛而非期望 200
專屬自己的處方箋 207

⑦ 你還是在意別人的眼光嗎？

懂得將別人的眼光轉變為正向能量的能力 212
在意別人的眼光是社交智慧 217
穿上「正向特質」的戰袍 223
人際溫度計 232
在愛情中在意，是因為重視 238
尾聲 243

〈自序〉
為自己的心勇敢站出來

看到我的姓氏，可能會有八成的人猜想：「你是不是韓國人？」有時我會賣個關子地回應說：「你猜看看?!」然後露出調皮的神情。通常我會接著微笑地說：「我就是，我的爸爸是韓國人。」然後對方會又驚又喜地說：「蛤～不像耶，中文怎麼講得那麼好！」中文講得好，要歸功於我的媽媽是台灣宜蘭人，還有我成長在台灣這一片充滿人情味、溫暖的土地上。

我從小在兩種文化的家庭裡生長，雖然長在台灣，但是小學時就讀韓僑小學，因此童年時期我接受的是韓國文化和教育。

記得在韓僑小學時，只有我的媽媽不是韓國人。這件事在現在可能不算什麼，但是在五十年前我爸爸的那個時代，卻是很不尋常的事。因為韓國是一個很單一的民族，民族性又很強，在我父親的那個時代不太會娶異國女子，所以很多人可能不太能理解。

便當和他人的眼光

而我的特殊性第一次被凸顯出來，竟然是在中午吃飯的時候。教室裡有一個蒸飯箱，每天只有我的便當獨享整個蒸飯箱的空間，因為其他所有同學的便當都是用不能蒸的塑膠盒盛裝，裡面有著各式各樣的精美小菜，直接吃涼的，冬天也只是配上水壺裡熱騰騰的開水。

記得第一次帶便當上學時，到了午餐時間，我小心翼翼地從蒸飯箱拿出便當，坐在書桌前看著安放好的便當盒，好像要揭開寶物一般，充滿期待地打開爸爸媽媽給我準備的驚喜菜色。

便當一掀開，香氣四溢，爸爸媽媽用心的準備讓我倍感幸福。此時，好多同學都聚過來看我的便當，我以為他們很羨慕我，正想說可以和他們分享的時候，他們開始一句接著一句，對我的便當有著很多批評和不理解。

「你怎麼會帶這樣的便當？」「你的青菜顏色都變了，這樣你也吃得下去嗎？」「你便當的味道好重，我不喜歡這種味道。」

從便當就問到了我的爸爸和媽媽。

「你的媽媽是台灣人啊？」「你爸爸怎麼會娶你媽媽呢？」

接二連三的疑問接踵而來，令我應接不暇，覺得自己好像是個異類、很有問題，最後大家帶著不理解又嫌棄的表情離開了。

從那一刻起，我發現自己開始在意起別人的眼光。現在想想真是天真，為了少受到「特殊的關注」，後來我居然想到用便當蓋遮住飯菜來吃的方法，一手拿便當蓋遮著、一手拿著湯匙吃飯，以為這樣做可以減少便當氣味的飄散。

結果，明明是快樂的午餐時間，變得很有壓力，匆匆地吃完一餐。日復一日，不知道這樣過了多久的時間。

幸好讓我感到欣慰的，就是每天情緒低落地回家時，開門迎接我的是爸爸歡迎的笑臉和溫柔體貼的媽媽。我在學校如陰天般的心情，就會一掃而空，家讓我感到有如陽光般的溫暖。

後來我向爸爸要求希望換成和同學一樣的便當，爸爸有點驚訝地說：

「那個蒸飯箱是我去好幾次家長會才爭取來的，便當要熱熱的吃才好吃。」我聽完之後，才了解到爸爸的苦心。而且我其實很喜歡我的便當，熱騰騰的便當很棒！

和爸爸談完話的第二天開始，我不再視我的便當為羞恥，每天中午都開開心心打開它，讓它展現完全的面貌，我不想在意別人的眼光了。

不久後，居然有同學主動想和我交換菜色，同學告訴我她回家要求媽媽做這樣可以蒸的便當，可惜她的媽媽不會做。因此原本都獨自一人在角落吃飯的我，也被邀請和其他同學一起用餐了。其中還有人說：「你遮著便當吃飯，是不是擔心便當會被大家瓜分掉？」我聽了真的是哭笑不得。

小時候的我就可以分辨得出來，自己的心和別人的眼光是不一樣的。別人對我父母結婚的貶低、對我母親的排外，是因為他們並不認識我的父母，而我知道我的爸爸媽媽是善良的人。童年經驗讓我有深深的感受：

當我不能為自己的心勇敢站出來時，在意別人的眼光讓我變得卑微渺小。然而，若是我接納和肯定真實的自己時，就不會去在意別人的眼光，而且有機會改變其他人對我的看法。

想要翻轉人生，須過「眼光」這一關

打開社群網站時，會接收到多少教你如何成功致富的訊息？真的是多不勝數，這些訊息不斷地在告訴我們：「你還不夠」、「你就缺這一樣」，社會上的標準和他人的眼光反覆在告訴我們什麼是成功的樣子和標準。

受到這些訊息的轟炸之下，會令我們感到些許的不安，還沒有好好規劃自己真正需要什麼的時候，不安會促使我們向外抓資源，就像突然覺得該去多上幾堂課來提升自己，或在潛意識的自我要求下，開始審視自己的表現。

在各方面你的心都將受到挑戰，你可能會感受到在職場奮鬥沒有終點，默默在心中感嘆何時才能為自己感到驕傲？或者，你開始擔心自己無法駕馭感情，渴望成為伴侶的一百分情人；還有想要擁有很炫的外表裝扮、優秀的課業成績，才能不被別人看扁；做父母的就會擔心怎麼好好養育孩子才算稱職……這些想法把我們往符合社會標準和別人的眼光推進。

暢銷作家馬克斯威爾．馬爾茲（Maxwell Maltz）曾說道：「成功的法則應該是放鬆而不是緊張。放棄你的責任感，放鬆你的緊張感，把你的命運交付於更高的力量，真正對命運的結果處之泰然。」

我很榮幸能和一些事業成就極高的人士深入談話，他們可能是為了員工而來，或者是為了家人的健康，有的人是因為近期發生某些事件，而來與專業的諮商心理師交流獲取意見。在我細心傾聽中發現，成功人士的人生賽道上，都曾越過「眼光」這個跨欄，於是他們內在減少了焦慮，更平靜自在，使他們能夠以平衡的心態前進。

想要翻轉人生的態度很奧妙，有人覺得要奮力不顧一切地使勁，達到別人的期望，才相信自己能獲得一些肯定和成果。但是，真實案例卻告訴我們，當我們放鬆專心去做眼前的事、不在意別人的眼光時，就能翻轉人生。

人不是總能一直處於高處，難免會有低谷的時候，我曾陪伴處於人生低谷、遭受椎心之痛的來談者，在面對生死交關的時候，他們最終能看破「眼光」所帶來的毒性傷害，而能深深地感受到人生的放鬆。我想分享其中一個讓我記憶深刻的諮商經歷，那也是我走上心理師之路直至今日很重要的關鍵。

琳娜的故事

琳娜（35歲）是一位外表高䠷、長相秀氣的成熟女性，講話有禮，笑容卻又帶著幾分天真。她出生在醫生世家，外界看她似乎擁有一切，但這一切背後卻隱藏著她從小到大的傷痛和矛盾。她的童年沒有親生父母照顧，而是由爺爺奶奶撫養。當兩位老人相繼過世，琳娜才回到父母家中，但那時，她與妹妹的關係已經處於競爭與冷漠的階段。

琳娜受到隔代教養的寵愛，什麼家務事都不會，學歷也不高；而妹妹從小就成績優異，也會把自己的生活打理得很好，後來還當了醫生。這樣的背景造就了琳娜內心的疏離與不安。即便如此，琳娜仍保持著一顆希望能夠被愛的心，卻常常在家人的冷言冷語中感受到自己的無力與無價值。

當琳娜經歷了婚姻的破裂與家人對她的不理解時，她的情緒變得越發壓抑，甚至在一些家庭衝突中，開始以被動攻擊的方式回應——將家人的東西藏起來，或偷偷丟掉他們剛買回來的食物，這些行為使得她與家人之間的關係很緊張。在一次衝突過後，家人強迫她就醫治療，並在診間抱怨她的無能，認為她無法照顧好自己，更無法照顧好她的孩子。

這個時候，琳娜來到了我的諮商室，我用心傾聽她的故事，陪伴她在情感的洪流中能感受到一絲絲的安慰。然而，我知道這個過程對她來說並不簡單，當家人對她的要求變得更加苛刻時，她的心理防線開始崩塌。

有一天，護理師嚴肅地告訴我琳娜的家人逼迫她送走孩子，決定將她的孩子送到寄宿學校，提醒我琳娜的情況十分危急。我深知這對琳娜來說，可能是最後一根稻草，她或許會在這個時刻選擇放棄自己、與世界告別。當我在諮商室等待她的到來時，我心裡焦慮地祈禱著，希望她能夠出現，讓我有機會勸解她別做出極端的錯事。

她遲到十分鐘，終於出現了，我鬆了口氣。她一坐下來，便用無所謂的語氣告訴我：「我今天只是來跟你說聲再見，這次以後不會再來了。」她的語氣淡漠，眼神渙散，讓我感到一絲寒意。她似乎已經放棄了所有的希望。

我直視著她，溫和卻堅定地問：「你說不來，是想告別還是有其他的原因？」她冷冷地回應說，她在家人眼中就是個無用的人，一切都做不好，甚至在當母親這件事上也成了失敗者。這番話裡，我聽到了她深深的自我否定和對生命的絕望。

當我提到她的孩子，即使表面冷漠，她還是無法掩蓋內心的裂痕。「你不覺得孩子很需要你嗎？」我輕聲問她。從她的眼神中，我讀出了無奈與深深的悲傷。她語氣平淡地回答：「我根本不配做母親，只會陪孩子玩，無法給他教育和指導。」

這時，我明白她正處於邊緣的深淵，任何一個錯誤的言語或行為，都可能讓她陷入無法自拔的黑暗。我接著問道：「那麼，失去了小孩，你有怎樣的感覺？」

她的眼神忽然一凝，語氣變得堅決：「他去學校住宿，我就可以安心地離開了。」這句話深深刺痛了我，但我知道此刻必須保持冷靜，並且從中找到突破的可能性。

偏偏經過幾番努力，仍感覺到她堅定的態度。最後，為了能開啟她的真實感情，我將心照不宣卻避免講到的話題丟出來，直接了當地問：「琳娜，我知道你在想什麼。好吧，假如現在我們就在你的告別式上，想想看，會看到你的孩子在做什麼？」她的眼神開始變得迷離，我知道她的內心有了波動，於是不再急於說服她，而是靜靜陪伴她。

終於，她的淚水開始在眼眶打轉，她激動地說：「我看到他在棺材旁哭得好傷心，根本不想我死，一點也不想。」她停頓了一下，猛地抓住我的手，眼中充滿了痛苦與悔恨。

這一刻，似乎是她所有痛苦情緒的爆發，她終於感受到她的孩子對她的依賴與愛，這讓她不再那麼決絕。我的話語輕輕地引導她走出那個黑暗的漩渦：「你說，你的家人不在意你，那麼為什麼不去關心那個真正在意你的孩子？你不想看到他傷心，對嗎？」

琳娜緩緩擦去眼淚，眼中閃現出一絲光芒，低聲問我：「你也不希望我死？」我微笑著點頭，堅定地回答：「當然，我也是真正在意你的人啊！最重要的是，你活著的每一天，對你兒子來說，都是無價的。」這句話讓她的心情有了微妙的變化，她的眼中不再只有悲傷，還有一點點希望。

隨著我們的對話深入，琳娜開始重新思考自己的角色。她說，她和兒子最喜歡一起做飯，睡前也會聊聊天，這些平凡的小事，卻讓她意識到自己對孩子的重要性。她的心漸漸放鬆，回想起那些和孩子共度的美好時光，眼中終於不再只有無助，還有一些願意改變的力量。

當我們的會談結束時，琳娜站起來，對我微笑道謝。那一刻，我知道她不再被過去的陰影所束縛，懂得在意該在意的眼光，開始朝著正向的生活邁步。我看著她的背影消失在門外，心中默默感謝能夠陪伴她走過這段艱難的旅程。

走上諮商師這條路

這次經歷讓我深刻意識到，在生命的最黑暗時刻，或許只需要一個人、一句話，便能將一顆即將放棄的心帶回光明。而這也促使我決定，將我的工作從教會的輔導員轉向心理師的職業，走上一條更具挑戰與使命感的道路。我相信，這就是我的呼召。

多年的諮商工作，讓我深刻體會到「在意別人的眼光」在我們生命中扮演著重要的角色，它深刻影響我們的行為模式，甚至在某些時候，左右我們對生命的意義與價值的理解。這個領悟促使我進一步思考生命中的一個關鍵議題：**當我們關注外界的評價與期待時，能否將在意別人的眼光轉化成正向的生**

命力量，而不再內耗？這個問題的答案，正是這本書誕生的原因。

我想起心理學家卡爾．古斯塔夫．榮格（C.G. Jung）所說的：「了解所有的理論，掌握所有的技巧，但當你觸及一個人的靈魂時，你也只是另一個人的靈魂。」（Know all the theories, master all the techniques, but you touch a human soul, be just another human soul.）

這句話深深觸動了我，讓我明白，無論一個人擁有多麼深厚的知識與技能，在面對真實的人性與情感時，最重要的還是謙遜與真誠。在我的心理諮商過程中，我常提醒自己，真正的陪伴來自於以平等、真誠的姿態站在對方的身邊，帶入從信仰裡學習到無條件的關愛，理解並尊重對方的獨特生命經驗。

在這樣的過程中，我放下對技術與理論的過度依賴，而是以一顆謙卑與開放的心去與每一個人的靈魂對話。同樣地，希望我能以同等的高度、同樣的視角與每位讀者並肩同行，走向生命中更加真實和豐富的未來。

TEST

在意小測驗

這是一個簡單的心理測驗，問問自己在生活中在意別人的眼光嗎？有以下情況，請打V。

- □ 1. 我沒有辦法做到「正眼直視」別人的眼睛說話，我會對凝視他人的視線有些膽怯，總是轉移視線低著頭說話。
- □ 2. 當我聽到類似「沒車沒房就不是成功」，或「大齡剩女嫁不出去沒人要」等等，這些「別人的妄下斷言」剛好與自己的處境相似時，心情即刻受到影響，造成自我懷疑，久久無法釋懷。
- □ 3. 我總是拿自己和我認為成功的人比較，隨即察覺到「自己比誰都不如」，容易對自己的價值下負面的定論。
- □ 4. 當工作還沒全部完成時，明知道不需要擔心，但還是會不放心，要先做完才能安心睡覺。
- □ 5. 主管同事或朋友給我的建議，我不太能坦然接受，時常耿耿於懷。

□ 6. 約會結束後，我會重複思索約會時互動的某些細節，確定自己沒有讓對方不高興。

□ 7. 當別人生氣和對自己失望時，無論是不是自己的錯，心裡總是會感到不安害怕，這種感覺會促使自己低聲下氣地去道歉和解。

□ 8. 害怕被討厭和人際衝突，會觀察別人的想法，不會說出自己真實的想法。

□ 9. 在意別人對自己外表和身形的評價。

□ 10. 我會和人比較薪水和社經地位，以此證明我夠好。

□ 11. 我成績不好時，會很在意老師對我的態度，感覺被歸類為「壞學生」。（或我的成績很好，被同學諷刺，於是想著上進的自己是不是錯了。）

□ 12. 我有時會躲避主管，是為了脫離「關注的視線」：覺得會被叨念或者被期待受矚目的壓力。

□ 13. 我太在意工作績效，反而變得十分擔心，常會盯著自己的問題，在內心暗暗責備自己。

□ 14. 是否有這樣的經驗：對於「轉職」或「轉系」要跨出原本的領域時，儘管是往「自己喜歡的工作」前進，但是對於別人的評語，內心感到波動不安，遲遲無法下決心。

□ 15. 覺察別人正在注視打量我時，會開始注意自己的動作，過濾自己說的話，說起話來還會有些吃螺絲、結巴了起來。

結果分析

〔計算方式〕每題一分，加總題數可得知你的總分。從你的分數，能知道你對別人的眼光「在意的程度」。

7—15分：平時常會預想他人的眼光

你容易與他人進行比較，特別是對於社會價值觀，如學校排名、職業年薪、買房買車和外表形象等方面，內心常會出現「自己比較差」的想法。當揣測別人對自己的看法時，負面的評價讓你感到無力。你渴望擺脫這些負向的眼光，當有人能夠理解並給予支持時，你會感受到力量，從而有勇氣面對困難。

4—6分：在壓力或負向情緒狀況時，會在意別人的眼光

當遇到需要溝通且意見不合的情況時，你可能會擔心別人的看法。如果你的意見遭到反對，往往需要較長的時間來消化那份沮喪和挫折。在處理事務時，如果因為疏忽或處理不當導致結果不如預期，或讓他人感到不快，你可能會對別人的評價感到更大的不安。然而，即便如此，你總是會盡全力達成目標，並努力減少他人眼光對自己的影響。

0—3分：不太在意別人的眼光

當你專注於自己的目標和成功時，往往不太在意別人的眼光，認為每個

人都有自己的生活方式，應該尊重彼此，不過度干涉。但要注意的是，你可能會疏忽他人透過非語言方式表達的訊息，因此需要留意他人的需要，不要錯失回應他人的機會。

CHAPTER 1

不在意別人的眼光
真的好難

對於那些「想被看見」的人

前一陣子，我和一位高中同學重聚，她在我心中一直是那種聰明而有幹勁的人。回想起學生時代，在大家讀書到焦頭爛額的時候，她卻總是面帶笑容，成績始終名列前茅，好像沒有困難可以難得倒她。雖然再次見面時已是中年，但一碰面，我們瞬間回到了那個天真稚嫩的青春時代。

我訂了一家充滿希臘風情的咖啡廳，裡面的波西米亞與現代風格完美融合。平時忙碌於工作與照顧孩子的我們，難得有機會來這樣的網紅咖啡店，自然要拍幾張照片。氣氛愉悅，我們的心情也隨之高漲。

「我們來拍照吧！這裡真美。」我興奮地拿出手機準備拍攝。

「對！快點拍，先完成這個，然後再好好聊天。」她的表情瞬間變得嚴肅，像是在完成一項任務。她告訴我，公司要求每天上傳一張照片和配文來進行宣傳，這讓她有時要花腦筋思考能貼什麼文。看著她熟練而迅速的動作，我感受到了一絲不同於往日的焦慮。

我們開始聊起了自媒體的蓬勃發展，過去只需要專注於自己的工作就能被看見，而如今競爭卻變得越來越激烈。「想被看見，就必須做些什麼讓別人看到你。」她認真地說。顯然，資優生出了社會也一樣渴望他人的矚目。

別人的眼光像砲彈

疫情後，許多行業受到衝擊，但也因此加速了數位轉型。許多人焦慮地試圖適應這個新時代，生怕錯失展現自己的機會，感覺不跟上就會被遺忘。這種「如果不跟上就會落後」的心理壓力，無處不在。「這次簡報我要和老闆直接報告，平常我沒這個機會，所以一定要好好表現。熬夜了好幾天，還失眠了，真緊張！」這是我們渴望被看見的方式，想要讓老闆注意到我們的努力，成為有價值的員工。

「我還不確定要找什麼工作，先考研究所好了。這樣至少畢業後能更具競爭力，拿到進入職場的入場券。」心裡則暗自思忖：千萬別落後於人，否則會被拋在後頭。

「想被看見」是人類內心深處的渴望，希望被接納、理解和重視。這不僅在工作和學習中體現，也反映在人際關係中，我們希望自己的想法、感受和存在，能夠被他人認為有意義和有價值。

「每次回家，爺爺奶奶都笑著對爸媽說：『我就要上台大了！』其實我差遠了，要考大學，以我這樣的成績，根本考不上什麼好學校。我很怕會讓他們失望。」許多人在考前的焦慮中，心如刀割。若未能達到家人的期望，是否意味著自己不夠好，沒有存在的價值？

在感情裡，我們也會有得失的心情。「和她聊天時，我感覺她很開心，但後來卻沒有後續……難道我不是她喜歡的型？我只是在想，我的好怎麼都沒被看見？」我們都渴望與他人建立連結，特別是對於在意的人，我們更在乎他們的反應，擔心自己不夠好會被嫌棄，希望被喜歡的人所喜歡。

以上所提的只是希望周圍的人可以看見自己的好，而現在社群網路的時代，還要忙著讓陌生人「看見自己的好」。有時還要承擔社群網路的副作用——來自社群網路上你看不到的陌生人，一個突如其來的直接批評，針對你的言行大放厥詞。這些別人的眼光就好像發射出的許多砲彈，有些只是從你頭上掠過嚇唬你，有些則是直接轟炸你的基地，也就是你的心，使你感到憤怒和受傷。

對抗腦中的眼睛

在生活中通常都可以感覺到這些眼光的存在，就算不想留意，但並不代表就沒有人盯著你、評論你，從朋友到戀人、伴侶、家人等等各種人際關係都有可能。如何在能夠被看見的同時，不受到這些負面的干擾呢？

夜深人靜時，腦子冒出這些聲音，你開始不安地反覆思索，心情低落，產生許多怨懟。你真是太辛苦了，已經這麼努力了，還要與腦中的那雙眼睛對抗。你要怎麼和大家說呢？你絕對不想成為別人口中那種帶負能量的人。

身處社會中，別人的評價與自己的表現息息相關。別人對你肯定，自然能獲得更多的機會，提升你的競爭力，你更能過上自己想要的生活。於是，我們會在意他人的眼光，期望在別人面前表現得更好。

然而，當有些人感到自己不如他人，便也會過度依賴外界的肯定，反而讓自己變得敏感，擔心被他人看輕，內在焦慮最終選擇隱藏自己。有位日本作家因為有社交恐懼症，一生過得很低調，他曾在書中提到「不起眼的充實便已足夠」，但是也感慨地寫到：「假如我青少年時期，願意去治療青春痘的話，可能我就不會這麼自卑了，或許我也能更開朗地與人交往。」言詞間充滿遺憾和惋惜。

人的內心都渴望被接納和肯定，我們希望自我的展現能得到讚賞，期盼我們是值得被愛的，這是人性使然。因此，我們會想要被看見，若你想要自在地被看見、想要自由地展現自我，就需要面對「在意別人眼光」這一件事。

怎麼能不在意別人的眼光

你或許有過這樣的經驗：當你困在一個問題裡，忍不住詢問朋友的意見，兩人談著談著，最後朋友輕描淡寫地下一個結論：「你想太多啦！」「其實，就是你太在意別人的眼光了！」

原先你的腦子被問題所困，就像走在森林裡迷路一樣的搞不清楚，而聽到朋友這些話，森林裡簡直開始大霧瀰漫，你更走不出來了。雖然覺得朋友說得挺有道理，但是又覺得自己也有許多合理的理由，所以感到困惑，想不出個所以然來。

我了解你內心的困擾和矛盾。通常人會希望逃避這些困擾的人事物，因為趨樂避苦是人之本能，希望眼不見為淨，這樣就能夠使內心平靜下來。或許你也想要逃開這些惱人的問題，但是當你又想起時，在意的焦慮又如波濤洶湧的海水般，把你淹沒在漩渦裡。

我想請你先靜下心來問自己：「我為何這麼在意別人的眼光？」

我猜想或許你心裡早已有了答案：「怎麼可能不在意別人的眼光呢？」

若你有這樣的想法，我覺得這才是整個感受的真實樣貌。所以，不是要把那些自己所在意的眼光屏除在外，而是接納它，然後了解可以怎麼健康地與它共處。

拔河的兩邊

近來有許多講到要愛自己的想法，也有許多高調的「活出自己」的文章標題，讓許多在生活裡汲汲營營過日子的人們停下腳步。確實可以想想自己與他人的關係界線，有沒有因為別人時常的壓線，而讓你壓力大到喘不過氣？

記得有一次我觀看這類的線上講座，一位大學生對主講者提問：「我的想法就是和老師、父母不一樣，那麼我該怎麼辦呢？」

主講者稍具挑戰地說：「你就是你自己，不要管別人怎麼說，你做你想做的就好了。」

接著我看到提問的大學生皺緊眉頭，不以為然地說：「我覺得現實生活中，是不能不考量到周圍的人事物的，你不能單單就只顧慮自己的想法，其實這樣並不實際。」

人與人之間在心理層次上，確實有一條隱形的河流，離人太遠就好像站在遠岸觀望，似乎太不近人情。離人太近就掉進河的深處，自己很可能被水沖走甚至有溺水的危險。在不在乎他人眼光，就像在拔河的兩邊，什麼是適當的距離，讓在乎他人眼光，也能成為一件有益健康的事呢？

換取成功的心態

一般來說，「在意別人的眼光」是指當你過於關注他人對自己的看法和評價時，這種關注就會影響到你的情感、判斷和行為；你將忽視自身的信念和價值，變得依賴外界的認可，在意識或潛意識上，驅動自己去滿足他人眼光的期待，在達到他人期待之前，身處害怕被批評或被負面看待的情況。

當你在意起別人眼光時，通常會產生兩種心態：一個是自責，另一個就是寧願耗竭自己來換取成功的想法。自責是因為對自己的表現感到困擾和不滿意，所以在意、擔心自己造成別人的麻煩或招致他人討厭，這會讓你對自我的價值感到不安。在你潛意識裡，能改變這種狀況的最好辦法，就是得到他人的接納和肯定，因此你總是竭盡所能地去完成別人的期望。

這種心態就好像在運動競賽裡，你的得分越高，和勁敵拉開的差距越大，一旦甩開了比分上的糾纏，你就越能感到安心。

而我們看待人生中許多目標的態度好像也是這樣。若你深受在意別人眼光的煩擾，很自然地會以為甩開眼光最好的方式，就是你做到期待，強大到一定的程度，這樣別人就無話可說，還能得到他們羨慕的稱讚。你真的以為這樣才能自由自在地成為自己，而你總覺得只有努力才能為自己殺出一條血路。

但是，能達到他人的期待，要讓人心服口服談何容易？在意別人眼光的人，還會認為這不只為了他人的眼光，也是為了降低內在焦慮，能對自己的存在價值感到放心。因此，對目標的追求變得強迫和掌控，過程既焦慮又急於求成，最終導致身心焦慮和疾病的後果。

發掘新定義

在意別人眼光的人心中還有一件痛苦的事，就是時常懷疑自己的能力和影響力。怎麼說呢？想想每當有事情發生的時候，你是不是很容易就像自控雷達一樣，先去感應別人的想法，然後以別人的觀點思考事情。那麼你呢？你對事情的看法又是什麼呢？對你來說，好像別人如何看你的眼光總是比你自己的想法重要。

這就好像參加野外漆彈戰場，每個人戴上全罩雙層式防護面罩、穿著迷彩服，看起來外表都一樣。在場上的你，只在乎最後是否能得勝，將注意力完全放在眼前的目標上，此時自己是誰一點也不重要。焦點在別人眼光上的人，往往身處於這樣的境地，會自動忽略掉自身的想法和感受，對自我的價值感到模糊，內心感到壓抑，無法表達真實的自己，時常會深深感到自信心不足。

在意別人眼光所帶來的痛苦和負面困擾有很多，難怪會讓我們避之唯恐而不及。社會高調地提倡要避免去在意別人眼光，這樣才是照顧自己、活出真我，所以當發現自己在意別人眼光的時候，要麼就是很難承認，要麼就是覺得自己糟透了。

但是，在意別人眼光也是具有正向價值的——若不是情人在意你，你怎麼會感到幸福？若不是你在意客戶的眼光，怎麼會留意到細節，而能收服刁難客戶的心？若我們能清楚這個正向的效果，平時知道如何運用，這樣就能夠合情合理地去在意別人的眼光了。所以，我認為「在意別人眼光」的定義，應該還要再補充為「在意別人眼光是一種有意識的社交智慧，是為了能促進關係良好的連結，並且當他人對自己的正向期待和自己的目標相同時，能運用自身優勢、和他人的支持；若他人期待與自己目標不同，也能克服負向情緒的糾纏，自我肯定、健康且生活平衡地達成目標」。

何者要擺脫？何者該在意？

我們多半不想承認自己會在意別人的眼光。對大多數人而言，在意別人眼光就好像是一件很遜的事，但我認為這是因為我們並不清楚這其中所隱含的正向意義，所以無法正視自己在意別人的眼光。

或許你會問，既然在意別人的眼光也具有正向意義，那為什麼你會對它感到負面，又為何時常感到困擾呢？

發揚正向，擺脫負向

這是因為你無法分辨其中何者該要擺脫，什麼又是該在意的：所以該擺脫的，卻時常在意；該在意的，卻疏忽沒注意到。讓我用小島來比喻我們的心，若人的心像一座小島，其中一部分的天地百花齊放、動物和諧相處，另一部分則經過森林大火，被燒毀得滿目瘡痍，所有人一定會希望重建森林，使整座小島恢復蓬勃的生氣。

我認為我們該重視的，應該是在意別人眼光的正向效果，就是小島中健康的生態，我們要將健康且正面的部分存留下來。首先，我們必須要認出它的正向價值長什麼樣子，才能知道該如何將它好好發揮。這本書中，我會藉由許多真實案例，淬鍊出在社會職場、學業、家庭、愛情和人際關係上，如何適當地在乎他人眼光，當我們內心接受它所具有的健康性及合宜性時，也才不會對自己有時的在意感到敏感而自責。

其實，在意別人眼光的負向困擾，就像小島中的另一部分，如枯枝敗葉般那種苦毒境地，該要斬草除根、重新栽植，才能創造新的風景。也就是說，在意別人眼光的負向部分是要你經過覺察，了解到真正的根源，然後在不斷地分辨和行動練習後，就能逐步擺脫。

捫心自問，在真實生活裡，誰能完全不在意別人的眼光？我們內心時常掙扎於可以在意、還是不該在意之間，兩邊總是在拉扯拔河，何不好好正視它、挖掘它可以帶給我們的正向效果呢？

從探究原生家庭著手

我從臨床觀察和許多成長改變的案例當中，發現能夠分辨和運用他人眼光正向之處的人，都在人際關係的情緒反應上比較健康。因為自己本身內在的安全感、核心的自我價值已經很穩定了，才能夠不受干擾，而能正面去關注別人的眼光，並且在其中找到改變自己的契機，成為更好的自己。

在意別人眼光是從自己來的，造成的原因往往是對原生家庭焦慮的關係經驗。從破損斷裂的關係中，生成三個在意別人眼光的通病，這三個通病是追求理想形象、應該要做到的強迫性、糾結的自卑感，本書將提到的並不是在意別人眼光的表面現象和後果，而是一針見血地指出，在意別人眼光所帶來痛苦的核心關鍵。

承受這種痛苦的人，若沒有解決在原生家庭中因焦慮的關係經驗所帶來的情緒障礙的話，就很容易持續影響現有的關係。就像你從小以來得自原生家庭的情緒經驗是被嚴格管控和叨念，未來和伴侶相處就很容易出現某些情緒，像是害怕會被責備。如果你想和伴侶自在地相處，就需要認識和化解在與原生家庭關係互動時帶來的情緒障礙。

因此，我們面對在意別人眼光的問題，通常很難釐清，就好像吃了東西消化不良，或是鬼打牆一直繞圈圈，走不出來。原因在於，在意別人眼光這件事，是一個雙面刃，其中有些酸言酸語令你困擾受傷，但也有些逆耳忠告是很有助益的。只有成為內在情緒穩定、能自我肯定的人，才能分辨得清楚。

看看別人想想自己

希望這本書能帶領大家往這個方向前進。接下來，我想要加以說明的是：不同的家庭類型所造成三個通病背後的情緒障礙，並且提供克服各種情緒障礙的策略。

最後，你可以整理出一個未來的成長方向，就像給了自己一個好好過生活的處方箋：從了解原生家庭如何形塑自己，到自我修復、肯定自己，在操練的過程中，以新的樣貌去達成自己想要的生活。

書中每一個真實的生命故事，都是歷經跌跌撞撞後，有了領悟而決定放開舊有的模式，在關係裡努力嘗試新的行動策略，期盼大家可以從他們身上學習到人生的功課。為了尊重及專業倫理的保密原則，書裡所有案例角色的姓名背景已經轉換，請勿對號入座，如有雷同，即純屬巧合。

人生有時是困難重重的，我自己經歷過許多艱難的時刻，這本書也是我個人深度體會的結晶。因此當你在閱讀的時候，請記得我明白你所面對的困境，而好像有我在旁陪伴你一般，鼓勵你一步步向前行。希望我的分享可以分擔你心裡的壓力，同時也相信你擁有內在改變的力量！

CHAPTER 2

〔通病一〕

驢子與紅蘿蔔

我要達到理想形象

這真的是你要的嗎？

曾經受邀到一個榮獲金鐘獎的優質電視節目擔任心理專業嘉賓，當天的主題是「恐怖情人」，美麗優雅的主持人詢問我，是否遇到恐怖情人的人都有一些「通病」。

這是一個引人深思的問題。如果能夠歸納出愛上恐怖情人的共同特徵，無疑能幫助許多人提高警覺，避免陷入不健康的關係中。

在我沉思的過程中，腦海裡浮現出一些案例，他們並不是因為缺乏自信或受到誘惑而愚蠢地走入情愛陷阱。多半是恐怖情人在追求他們的時候，百般地討好配合，就像風度翩翩的紳士和善解人意的淑女，直到受害者陷入情網時才會露出猙獰的真面目。這些恐怖情人的欺騙手段就像詐騙集團，演技之精湛，簡直可以拿奧斯卡獎。

愛上恐怖情人，有時問題不一定在自己身上。但有些受害者也的確有共同相似的狀態：沒自信又有些完美主義，做事會莫名其妙地感到焦慮，所以內心有些無助和委屈……深入的諮商讓我了解到，這些特點主要歸因於他們過度在意別人眼光。

內耗的受挫力

因此，不妨就直接來探討過度在意別人眼光的人常有的通病。其實，我們在生活中難免會在意別人的眼光，也不時會遇到有人因為在意他人的眼光而困擾。比如說你可能聽到朋友A的履歷改了又改，過了一個月還沒有寄出去；我們也會為了面試的衣服，換了N套，都還沒有辦法做出最後的決定。或是朋友B開會時，主管對他的提報提出質疑，他為此反覆煩惱了好幾天，一直陷入無法自拔的懊惱之中。而我們也可能擔心自己沒有好好掌握新的客戶，產生無法抑制的高度擔心和緊張；或是自己的孩子成績不如人而焦慮不已，參加家長聚會時，又特別在意自己的打扮比不上別人……

我們得到的回應常常是：「不需要這麼擔心啦！別人沒有這個意思。你想太多了。」或是「這有什麼好緊張的，你太緊張了，根本沒必要。」

說實在的，這些「不要擔心，別管他人眼光」的話，可能早在我們心裡縈繞千百回了，所以，當你這麼勸朋友們的時候，也知道其實發揮不了太大的作用。因為，這些話語無法說服自己，而我們都一樣，就是會不自覺地這樣想，無法消除在意他人的狀態。

其實在意別人眼光的人，有的人或許看得到自己的痛苦，但卻沒意識到這樣的情緒慣性是相當內耗的，並且還有很強的「後挫力」。這種後挫力不只無法讓人前進，還會覺得自己很沒有用：為什麼別人都可以不在乎，自己卻無法走出來，陷入煩惱的深淵中？他們在意別人眼光時，就像被牢籠困住了一樣，始終無法自拔！這就是我要分享的第一種通病：想要達成「理想形象」——偏偏那個理想就像吊在驢子眼前的紅蘿蔔，可望不可即！

安東尼的困惑

我曾在體育專校帶學生做生涯探索團體，安東尼（21歲）當時是一位運動員，他告訴我：「從小我就不是走正統的路線，我喜歡運動，教練也覺得我有潛力可以栽培。反正我就沒有照著爸媽說的要好好讀書。可是在運動領域，也還是只有一個冠軍，我還是常因為教練的眼光，感到苦惱不安。」

安東尼因為太在意教練的眼光，這樣的焦慮感有時讓他很不確定是否要以運動作為職業。他發現自己換了一個喜歡的領域，結果還是充滿自我懷疑。

安東尼很深切真誠地問我：「你覺得我是不是有問題？」

其實，這樣的情況就好像是新瓶舊酒添，只是換了包裝，裡面還是一樣。安東尼以為換了領域就好了，其實並不是這樣，若內在追求理想形象的要求還在，依然會過度在意別人的眼光。

理想形象是什麼

理想形象就是那些平時聽到別人慷慨激昂地稱讚的一些事情，例如：「某某誰的孩子考上醫科，太厲害了，前途無量，是最好的職業啊！」「哇，當上經理了，了不起。」「年薪三百萬，讚（比出大拇指）！」「孩子優秀，表示媽媽教得好啊！」「好孝順，真是好媳婦！」這些高八度讚揚的話，聽在每個人的耳裡，形塑了一個所謂理想的形象，彷彿這樣的形象才是成功。

但是反過來，看看自己在生活中總是得到什麼回應：「（一巴掌打在臉上）你先考上前三志願，再來跟我說你想說什麼。」「你為什麼就不能像小娟的老公，錢多又有派頭！」「念文的有什麼用？念電機資訊以後才有出路。」「孩子看到人不會打招呼，你這做媽媽的是怎麼教的？」

這些生活裡真實的日常經驗，感受到了被他人強烈的否定，自己雖然生氣又委屈，但是關起門來捫心自問，那些理想的形象和身分，都離自己好遙遠，有的並非自己真心想要的，也有些並不符合自己的專長，但你心裡就是甩不掉那些比不上別人的壓力，讓你心頭如同隨時放了一個重錘。

我該怎麼辦呢？是不是只有我變成理想形象，才能被別人接受，才不會有這些委屈了？想像當自己達到那個理想形象之後，就能肯定自己，愛與被愛、歸屬感的需求，也都能順利得著滿足，這是多麼吸引人的事。

於是在種種期望下，你開始把真我小心翼翼地收起來，此時自己真實的感受和想法一點也不重要，別人眼中的形象比較重要。就像大部分的媳婦在公婆親戚面前，通常都要收起自己的想法和情緒，要先做到公婆親戚的期待。學生時代也是這樣，焦慮地追逐學業表現，出社會後希望能找到職稱不錯的工作，來符合家人的期待，這樣才可以脫離被否定的眼光。

所以，許多人以為達到理想形象，才可以真正地放鬆喘息。然而，我在臨床經驗中，看到的不是放鬆喘息。**因為許多人潛意識以為達到理想形象會解決所有問題，事實上，就算已經達到理想形象，還是脫離不了他人的眼光，然後繼續追逐下一個理想形象。**

理想形象有隱形術

可能自己從未意識到，你心中有著在不同情境會出現的理想形象。因為東方文化裡，對任何的角色都總有一個想像的理想形象：什麼是好老闆、好主管、好員工、好老師、好學生、好爸爸、好媽媽、好兒女、好男友、好女友……

畢竟在集體主義的社會環境裡，你還是得要在意別人的眼光，關心鄰居的感受，與周遭的同事合作時表現出親和合群，才能在學校、家庭、職場這些大環境中生存。

這也是成長過程學習來的習慣，因為從小父母、老師會設定一個希望我們達成的目標。這些目標通常沒有參考我們的能力，或者真正了解我們的困難，就是一種理想性的標準。從小到大的反覆操作，已經置入大腦成為下意識的直覺反應了。

所以，我們時常直覺地認為達到理想形象，本是再正常不過的事。工作壓力大吃不消的時候，仍認為吃苦當吃補；身體感到負荷不了的時候，還責備自己失去熱情，甚至無法停下來照顧自己的身心需求，你可能心裡會想：「不做到該有的工作標準，內心反而不安心。晚一點＿＿＿＿（填空：吃飯、喝水、上廁所等等）沒關係，先做完比較放心。」

在意別人眼光的人，本能就會努力去達到心目中期待的理想形象，這個形象給人一種可以被肯定、接納的安心。很多人都是這樣，意識不到自己其實正在不健康地追求「理想形象」，所以自然也停不下來。因為人在大環境裡，根本無從發覺，除非特別去問自己，這真的是我想要的嗎？

追求理想形象的下場

追求理想形象就好像談戀愛追男女朋友一樣，會一直想和對方在一起。這裡指的理想形象，是那些你心裡對某些事物的標準，渴望達到這樣的標準，所以熱切地追求。就像要準備約會的時候，心中似乎有套最佳的服裝，一直在推敲搭配而無法做出決定。腦中有份預定的約會行程，又覺得安排得不夠周全，怕情人不滿意，自己無法成為對方的理想伴侶……

這些都是內心暗自對自己的要求，必須符合一個理想的形象，因此不斷以此來鞭策自己，到最後雖然該上場的還是要上場，但無論如何努力，內心總是對自己不滿意。

無法肯定自己的寶兒

我所看到的寶兒（34歲），就是長時間沒有注意到自己為了追求理想形象，而忽視自己的想法、感受和健康，無法活出真我的例子。

寶兒在焦慮的關係經驗裡成長，因為父母工作很辛苦，各種花費一直比較拮据，她從小就擔心家裡的經濟狀況。上班後，她開始擔心自己的表現不夠好，這樣的想法甚至影響了工作狀態。

有次寶兒報名了工作訓練課程，她需要準備一堂二十分鐘的簡報，來展現工作能力。而她心中有個理想形象，就是要口齒清晰、簡報內容專業豐富，還要在當下完美地呈現簡報，之後希望能得到評審的稱讚。

她執著地認定，只有達到這個理想的表現，才能證明她夠格勝任工作。對寶兒來說，要做到這樣的理想形象，儘管壓力大到爆炸的程度，但還是拼命想達到，為了證明自己是可以配得這個職務。

寶兒前一天為了完美的簡報，明明知道該停手了，還是一直熬夜練習和修改簡報，幾乎整夜失眠。第二天一早拖著疲憊的身體和極度緊張的心情來到會場，結果上場前還去上了好幾次廁所，腸躁症也是一如往常地發生。

她為了達到理想形象，花上比別人還多幾倍的時間，整個過程充滿焦慮和害怕，身心健康幾乎都豁了出去。其實對於一位上班族而言，這已經超過身心所能負荷的了。

還好簡報進行得很順利，課程結束後，參加的幾位朋友圍過來，稱讚寶兒的表現。她則虛脫地說：「還好我沒有搞砸啊！」

朋友很驚訝不解地說：「你怎麼說自己會搞砸啊！你準備得很充分，台風也很好。」

寶兒只是勉強一笑地帶過。

在諮商時，寶兒告訴我說：「他們都不知道我花了多少時間準備。我就是不夠好，才需要準備這麼久。」

理想形象與真我分裂

從寶兒的話裡，我看到寶兒將理想形象與真我分開了，寶兒的眼睛聚焦在達到理想形象的目標，那個所謂的「目標」，不是自己。她已認定自己本身是不足的，在準備過程中，她總是看見狼狽的自己在追趕著目標。寶兒認定自己的能力差，覺得這樣還不努力的話就完蛋了。這次有做到是自己的幸運，而且還是比別人加倍努力才做到的，可見自己有多差。

寶兒告訴我：「我每一次都不確定，這次可不可以做到。」看來所有成功的經驗，都無法累積在寶兒的真我身上，難怪每一次寶兒要上台簡報時，都會無比地緊張，擔心這次會被自己搞砸，卻忘了她已經有許多成功的經驗，早已足夠勝任工作的挑戰了。

當內心有著理想形象的時候，有時候會將自己與理想形象分開。你一定想問，為什麼會這樣呢？

當人渴望成功，卻很在意別人的眼光時，就會對能不能做到產生極大的焦慮。大多數人會認為，「相信自己是糟糕的」會比「相信自己是有能力的」更保險。這是一種防衛機制，因為若是失敗了，反正自己本該有此下場，也就不會太過挫折和失望了。

就好像你去旅行買的是經濟艙的機票，沒想到里程數可以讓你用經濟艙的票價兌換頭等艙的機位，這時肯定心裡萬分高興。但是，若頭等艙沒有位置的話，也覺得本來自己的票就是經濟艙，不奢望里程數能有什麼作用，所以可以很甘願地一路在比較狹窄的位置坐上好幾個小時。

在意別人眼光的人很容易在內心默認自己不好，把理想形象視為目標一直在追逐，就算達到理想形象也會在心裡自動分裂，騙自己「做得還不夠好」或「這次只是好運而已」，免得將來挫敗時會遭致無法承受的失望。

因為一直洗腦自己還在比較低的能力階段，需要得到他人的肯定，於是就像倉鼠不停轉圈圈、或像驢子追著吊在眼前的紅蘿蔔，直到筋疲力盡，根本無法體驗過程裡真我在其中的成長和能力，也無法享受成長的喜悅了。

告別追趕理想形象的撇步

為了讓你可以揭開布簾，將理想形象曝露在陽光之下，讓我來問你一些問題。

Q1：請問你有沒有對自己的外表有一個理想的形象？可能你的手機裡正放著一張你喜歡的某個人的相片，你暗自希望成為他／她的那個樣子？

Q2：你在想要做一件事的時候，會不會出現一個理想的想像？

接著，請再想想，你在經營社交平台的時候，是否會希望有一天突然出現瘋狂的按讚數！或者你準備一場競賽，你想像在場上是得分最多的帥氣球員！還是學期開始時，默念著：這次一定要雪恥，讓人刮目相看，這學期的考試要全部高分通過！也可能你上班時，該好好工作之前，卻先拿起計算機算著達到業績目標之後可以領到的獎金……

要脫離理想形象的固著思想，請你先意識到這些理想情境的出現。或許你會覺得有個理想的形象是一個願景，對自己來說是一種驅動力！我們當然可以感受達到理想情境時的喜悅，但是，在心理學的研究中發現，設定小目標比較能驅動人去行動。反之，望向理想性的目標時，人往往會擔心卻步，導致拖延、舉步不前。

若你認清理想形象對我們造成的後果，你將不再認為這是推動你行動的有效動機。可能你還是忍不住，那麼想一下子、開心一下就好，請節制自己的念頭，不再繼續想像理想形象延伸的各種美妙幻想。

學習跳脫禁錮

接著，請為自己目前要做的事情設立一個小目標，是具體可衡量並且能達成的目標。然後，將焦點放在實踐這個小目標就好。譬如說當你要做一份簡報的時候，無須想要做出讓人五體投地的簡報，先停止這樣的想像，就只要先做出封面和大綱就好，接著再一步步按著大綱順序，以小目標來完成整個簡報。

過程中，你可能不知不覺又會回到追求理想形象的做法，又開始認為自己哪一張簡報還不夠精彩完美，於是開始查詢更多的資料。這時千萬要留意，別讓小目標又成為另一個理想形象去追求。當你覺察到理想形象在大腦裡會自動開啟，請再次關閉它。如此一來，你就可以做到「先求有，再求好」。

在幾次關閉理想形象的開關之後，你也終於可以聚焦在可行的步驟中。**請用正向的眼光去看待累積的小成果，並且肯定自己戰勝了理想形象的這個牢籠，停下來花幾秒鐘體會自己是一個勇士，是一個勝利者！**

最後，請你和一位信任的朋友分享這個成長和你心中的喜悅。

其實，這才是幫助你逐步達成目標的方法，不需要理想形象，只需要有行動力、按部就班地進展就好了。

在我寫華人心理堅韌度量表的研究論文時，有幸採訪許多白手起家成功的企業家，幾乎每一個人都告訴我說：「我只是看到公司裡有什麼需要就去滿足而已，其實我從來沒有想過會做到這麼龐大的企業。」

他們的成功都有一個共同特徵：「看到就行動」的實踐家。他們不是看到整個完整的藍圖，才開始動作，而是邊做邊修正，一步步向前進。在我們面前有這麼多成功的例子，現在換我們下決心、義無反顧地跳脫理想形象的禁錮了！

SECRET TIPS

1. 請你先意識到一些理想情境的出現。
2. 節制自己，不要延伸各種美妙幻想的念頭。
3. 設立一個可實踐的小目標，著手去做。
4. 當你覺察到理想形象在大腦裡自動啟動，請再次關閉它。
5. 用正向的眼光去看待累積的小成果。
6. 請稱讚自己，花幾秒鐘好好感受自己戰勝了理想形象。
7. 和一位信任的朋友分享這個成長和你心中的喜悅。

CHAPTER 3

通病二

推巨石的薛西弗斯

「我應該要做到」的強迫性行為

「必須」、「應該」的心態

前面曾經提到的寶兒，她在成長過程中，真我沒有被接納和肯定過，覺得那是個丟臉的自己，所以將原本無助的真實自我藏得很深，然後轉向發展出假我[1]的追求，也就是追求理想形象。這使寶兒「信奉」她要達到理想形象才是好的自己，若是達不到，就會掉到原本自認糟糕的真我；這樣的落差太大，太難以接受，是個可怕的經驗，因此她下意識地告訴自己「絕對不可以變成那樣」，覺得自己非得做到不可。

這股「信奉」的內在驅力很強勁，會形成一種強迫性，有種「必須」、「應該」的心態，不這麼做就會焦慮。這就是「我應該要做到」的強迫性動力來源，簡直像是希臘神話中被懲罰不斷推巨石的薛西弗斯。試想，強迫自己完成這種永無盡頭而又徒勞無功的任務，是否太荒謬？

焦慮造成拖延

很多高中生要申請大學的時候，在準備資料和面試時，常常因為這是一個十分重要的關鍵環節，內在信念覺得「必須」、「應該」一定要做到最好，這種掌控的強迫性出現，造成考慮很多、壓力很大，寫什麼都覺得還缺什麼。

寶兒就是這樣，在強迫性的壓力下，又一直擔心自己會做不好，焦慮讓她花更多時間查詢網路資料，心慌慌地無法開始。終於開工了，也是不斷地修修改改，過程中揣測評審想要看到什麼，壓力大的時候，也曾想過臨時放棄算了。最終就在沒有退路又沒有把握的狀況下，雖然很想放棄，卻勉強靠著熬夜才完成了簡報。

寶兒在賣命準備的過程，她的男朋友也勸她：「這是一個工作訓練課

1 假我：由精神分析學家溫尼考特所提出，「假我」的概念，講的是從小我們為了求生存，會漸漸地隱藏原本的真我，並創造出一個可被他人認可的部分，假我的存在，是為了保護真我，讓他不要再受傷。長期下來，我們會習慣把這個部分當作自己，而且會為了維護假我的形象而不斷地努力。

程，大家都抱持學習的態度去的，就算過程中有什麼缺點，都是正常的，也才知道有可以進步的地方。」然後，中肯地說：「評審一看就知道你有用心，不要把評審的話當作工作的判決，因為你隨著工作時間長了，自然會表現得越來越好。」

她雖然覺得男友說得有道理，但還是很堅持，而且有些不耐煩地說：「你不了解我有多重視，你再幫我看看這樣好不好。」男朋友表示真的沒必要再增添或修改什麼了，寶兒竟生氣地說：「你一副不想幫我的樣子，我就知道我什麼都要自己來，只能靠自己，你不知道我有多累！」顯示出寶兒內心的應該、必須做到的強迫性，以至於完全聽不進去不同的意見。

寶兒想做到最好，希望得到評審和大家的好評，過度的自我要求，通常到最後深覺只有自己可以幫自己，別人都不幫忙或幫不上忙。然後，孤獨地陷入無助的感受裡，覺得自己一個人要對抗全世界。然而在別人眼中，會感受到她那種苟延殘喘、有種被迫性的，好像不得不在意別人眼光的完美主義狀態，是一種堅持固執又可憐兮兮的樣子。

自尊受傷導致強迫性的行為

在我的諮商觀察中發現，除了創傷經驗會造成強迫性的行為外，也跟家庭中某些匱乏而造成自尊心受損有關。因為在此情況下，一個人的自我存在價值受到威脅，就會渴望從「理想形象」補足自我的欠缺。因為修復自尊的渴望太過強烈，得到與否太焦慮了，結果火（渴望）上加油（焦慮），促使執著、不斷地出現強迫性的行為。因自尊受傷而引發強迫性行為的人，會極度在意心裡所期待的那個自我，也會難以承受別人的眼光。

用強迫性的習慣平息焦慮

漢娜（24歲）開始找我做心理諮商，是因為不安焦慮的感受越來越頻繁，她也很納悶自己強迫性的行為。從小，漢娜最深的痛就是家裡已經沒錢了，媽媽卻沒有概念地亂花，讓她在學校時常繳不出各種費用，看盡人的臉色。

家庭沒有辦法供給漢娜基本的環境舒適與安全感，更深沉的部分，其實是她成長過程時自尊心的受傷。於是，漢娜長大後心中出現各種方面的理想形象，比如她很重視房間該如何佈置，也對自己儀態外表有很高的期待，這些都是幫助她覺得自己還不錯的方法。所以，一旦事情沒按照她心中的理想形象進行，或是成果不符合這個形象，她就會焦慮不安。可能並沒有發生什麼特別的事情，就是一種本質上的焦慮。漢娜為了平息焦慮感，就會重複去做達到理想形象的行為，久而久之就變成了強迫性的習慣。

這些習慣開始耽誤了她的上班時間，幾次遲到之後，萌生離職的念頭，但是她非常在意老闆的眼光，又不敢直接開口就一直拖著。生活的惡性循環就像停不下來的滾筒乾衣機，使漢娜整個人被捲進去攪，生活狀態在不知不覺中變壞了，速度快得讓人措手不及。

你是不是覺得這種情況很少見？其實這樣的情況還不少，就像女孩分手時，男朋友說她胖，於是在自尊受挫之下，突然不想吃東西，進行強迫性的節食手段，只為了達到完美標準。

還有，手足競爭之下，時常被哥哥或姊姊討厭排擠，自尊的挫折讓你養成討好遷就的強迫性反應，服務的事情總是搶第一，久了之後也會變成討好型人格。

或者在報喜不報憂的家庭氣氛中成長，沒有人在乎你真實的感受，自我存在價值的疑慮，使焦慮感變高，在家庭裡好像「必須」、「應該」用搞笑的方式維持和諧。

這些例子都是為了成為別人眼中足夠好的自己，而一直強迫性地去做某些事情，結果卻惡性循環，越來越焦慮。

調整焦慮體質

若形成焦慮體質的話，會很容易受到周遭人的影響，與他人的互動或對方的小反應，可能輕而易舉撥動焦慮的心弦。

因為容易觀察他人的臉色，或擔心很多別人的看法，可能有時候讓你很煩躁、生氣地想：「我想把事情做好也錯了嗎？我怎麼這麼焦慮啊?!」

受到焦慮帶來的生理症狀所干擾，使你被強迫般極盡所能以為達到理想形象，才會感到安心。追求理想形象和焦慮這兩者之間互為因果，因為焦慮所以想達到理想形象，為了達到理想形象而感到焦慮。所以想要平息焦慮的話，好像只有遵從內心的強迫性，去達到某種理想標準。

雖然如此，你卻感到家人和朋友並不能了解到你的痛苦，好像別人看到的只是你的表現和成就，或者勸你要多肯定自己，說一些「不要這麼累」的話。這讓你覺得其他人似乎永遠都無法了解你的孤獨、心累，只好在自己的世界裡獨自承受。

對你來說，需要找到適切的方法，內心才能真正穩定平靜，而不是活在在意別人眼光的焦慮感裡，步步驚心地前進。要改善執念的強迫行為，需要覺察自己成長時，賴以恢復自尊的模式是什麼，並學習降低焦慮的調適方法。

SECRET TIPS

前三題為自我探索題，增進對自己的認識和了解。

1. 請你寫下來，你覺察到與父母的互動模式是什麼景象？
2. 承第一題，這樣的成長經驗，讓你如何評價自己？
3. 請問你認為做到什麼事情，會讓你覺得自己夠好、還不錯？

中場休息

第三題的答案，很可能就是你執意「應該」要做到的行為。這樣「必須達到」的信奉之下，你感到內心很疲累，沒做到時很焦慮。你意識到自己的狀況了嗎？接下來我們就來練習如何調整。

4. 當「應該」的想法又出現的時候，問問自己：「我這樣的執念好嗎？真的有必要榨乾自己嗎？」然後放慢腳步去回應事情，經由這樣的覺察和不斷地發問，才能在每一次的「應該」來臨時，有勇氣對「應該」說不，重新做出一個健康平衡的選擇。

5. 運用呼吸練習來降低焦慮。可以運用四七八呼吸法，吸氣時內心數四秒，閉氣七秒，讓氧氣徹底進入血液，然後呼氣八秒，讓肺部排出二氧化碳。這樣能有效降低交感神經興奮的程度，放鬆我們的身心。

6. 活在當下，專注當下要做的事情。不再將強迫行為的事情與降低焦慮作為連結。與焦慮感受共處，並發揮前額葉的理性思考，去做當下要做的事，而不是重複在強迫性的執念行為上。

7. 先求有，再求好。你可以設定一個時間，做什麼事情先求有，再求好。就好像做蛋糕一樣，先有海綿蛋糕，再做內餡，接著鋪上奶油，最後放上裝飾。如果心有餘力，再將蛋糕變得豪華一些，可能做成二層或三層。做任何事情也是這樣。

8. 請同理肯定自己。有意識地稱讚自己「不再這麼強逼自己了」。欣賞努力後的成果，聚焦在正向的優點、做到的地方，而不是像以前一樣一直看缺點和負面之處。這就是你需要轉念練習之處，不再用過往的負向習慣來看成果，練習用正向眼光看待。你會發現事情一樣可以做到，而且內心不焦慮會做得更輕鬆。

CHAPTER 4

〔通病三〕

喬裝麒麟露出馬腳

藏不住的自卑感

每個人天生都有自卑感

記得在小學低年級的時光，我的班導時常用言語和摔東西羞辱學生，班導的粗暴行為讓我認識了一位新朋友，名字叫「自卑感」。尤其在我沮喪的時候，能明顯感受到它的存在。後來，我在高中時無意間看到，個體心理學大師阿德勒對自卑感的看法，引起我高度的興趣，他認為每個人天生都有自卑感，我們都覺得現在的自己不夠好。

當時的我心裡很納悶：「可是我怎麼覺得，只有我自卑呢？」你是否和我以前一樣，覺得好像自卑的人只有自己？

現在我知道我看不見別人的自卑感，不代表別人沒有，就像或許你也不能看出我有自卑感一樣。最直白的真相，是我們都不想讓別人看出自己的自卑感，自卑感永遠是那個黑黑的、躲在角落的傢伙。

自卑感不會大剌剌地在顯眼的地方，它會被收在有悠久歷史的古董櫃中最不起眼的抽屜裡。自卑感背負著許多痛苦的故事，看到它就讓你感到無助、無奈和羞恥，因為不知道該怎麼處理它，又很在意別人的眼光，所以只好收起來避而不談。

有些人則可能會極力否認自己有自卑感，那樣的人通常都有自戀型人格[2]，他們無法有反省能力，總認為一切都是別人的不對、不好，都是別人的錯。他會告訴你：「我怎麼可能會有自卑感。」當他這麼說的時候，不代表他就沒有自卑感，而是他從來不自知。自戀型人格覺得自己宛如麒麟般獨特，但不小心露出馬腳被發現時，可能比任何人都崩潰。

不需要否認自卑感

自卑感的產生都有著過去一段血淚故事，只有耐心陪伴、給予同理心且

2 自戀型人格：一種長久性的人格疾患，患者往往會過度誇大自我重要性，過度渴求別人的讚賞，認為自己獨特，僅能被特殊高位者所認可和與之相關聯，缺乏同理他人行為的能力。患者會花很多時間，思考如何提升美貌、外在形象、獲得權力和成功，常嫉妒別人或認為別人在嫉妒他，常有傲慢行為，顯得自高自大。

溫暖傾聽，才能夠讓人安心地談論自卑。雖然自卑會讓人沒有自信，但是用冷漠高傲喬裝之後，被包裹的自卑會感到安全多了，因此大多數人不太願意冒險脫下這件國王的新衣。

所以在諮商時，我面對自卑感總是小心呵護，又需給予鼓勵，一步步朝自尊的成長進展，才能同時輕輕觸碰脆弱的自卑感。

阿德勒曾說：「自卑感是無法根除，事實上也無須根除，因為自卑感可成為有益的基石，讓人們在此基礎上繼續發展茁壯。」

我以阿德勒心理學所提的自卑情結做延伸，從我在諮商臨床的觀察，將自卑感分成「超越自卑感」、「自卑陰影」和「自卑情結」。

讓人超越或困在陰影

超越自卑感這個類型是一種具有奮進力量的自卑感。從挑戰的環境中，吃得苦中苦、扒一層皮般的蛻變成為值得肯定的自己。

這樣的人通常只在回憶過去無助的自己時，感到有些惆悵傷心，平時就算體會到自卑感，也很能坦然地接受。許多經過大風大浪的企業家都屬於這種類型。

那自卑陰影是什麼呢？這是大多數人有的自卑感。就是那種平時在學校、職場、社交、感情和自我認同上看起來都好好的，但是遇到期待落空、被誤解、被罵的情況時，就會非常內疚和不安全感。之前提到過的寶兒就屬於自卑陰影的類型，當碰觸到對金錢的不安全感時，她就會變得怯弱。此時自卑感就像在生活裡突然出現的黑影，陰魂不散。

自卑陰影的人會努力克服自卑，在工作上有不錯的表現，只是時常會擔心自己做不到，緊張工作不夠有效率，所以，為了不要落人口舌批評，可以花上所有的精力和時間，盡心完成工作。因此，這類型的人會在公司裡得到同事的喜歡或主管的看重，此時自卑感就可以有所修復。

但是就算得到周圍人的肯定，他們仍非常清楚心裡的內耗，可以感受到自己好像被什麼困住，所以無法有更多的突破，例如擔任更高的職位、做出更多創意的突破等等。這類人很需要將自卑的癥結點給解開。

自卑情結的危機

接下來我要說到的自卑情結，比起自卑陰影更加束縛人。阿德勒提到當人為了補償自卑感而過度矯正時，就從自卑情結表現出自大、傲慢和藐視他人，甚至出現專橫和想攻擊他人。

就像某些人，你明知道他有強烈的自卑感，導致工作沒有績效，但是他卻不斷抱怨老闆對他不好、主管給他壓力、同事搶他業績。他可能沒有工作，卻在找工作時嫌東嫌西，好像沒有自知之明，不太實際，給人一種好高騖遠的感覺，但最後你會驚訝地發現，他居然索性在家躺平。

其實他對現況很焦慮，但是過度補償自卑的後果，容易給人的感覺就是沒錢進店裡，卻嫌店裡髒。明知道他自卑，不拆穿就算了，還要承受他高傲的嫌棄，最後雷聲大雨點小般的做事沒有結果。有自卑情結的人，就會讓人有種可憐和嫌惡的感覺。

以上就是自卑感的三種類型，你是哪一種呢？或者在某種程度上，你是往超越自卑感邁進呢？還是走向自卑情結呢？若是你發現自己有自卑情結的傾向，這時就該懸崖勒馬了。

或許用放大鏡來看自卑感的時候，會讓你有點不舒服，但是很謝謝你願意耐心地繼續讀下去，看看自卑感呈現的面貌，我將會在後面提供一些克服自卑感的方法，當你往下閱讀時，越了解自卑感就越能領悟我說的方法了。

超越自卑感，不能遺失同理心

當人奮發圖強地脫離自卑後，往往會先成為有優越感的自我。而一旦產生優越感時，就容易對他人有貶低的態度，遺失了同理心。

真的會這樣嗎？我認為這是一種自然而然發生的現象，只有在意識到自己的優越感，會因貶低態度而傷人之後，才會調整態度，並且明白什麼才是真正的自我肯定。

我從超越自卑感的人身上發現這個現象。舉例來說，認識威廉的時候，我覺得他真的很優秀，他很願意運用心理諮商來自我成長，開放地討論他的心態和想法。

受害人變成加害人

威廉（34歲）總是散發著一種與生俱來的自信氣質，說話時微微抬起下巴，聲音洪亮而有力。他自豪地告訴我：「我能準確把握老闆的期待，並且總能超越。」他的嘴角上揚，眼神中透著無畏的信念。

在同事們提出建議時，威廉的一個冷冽眼神，彷彿能瞬間讓空氣凝固。他的眼神流露出質疑和不屑簡直能將人擊倒，似乎在說：「你到底有沒有做足功課？居然犯這種錯誤！」

當談起他對同事的態度時，威廉低下頭，眼中閃過一絲愧疚。「我的內心不斷冒出惡毒的批評，我自己都好驚訝，為什麼自己會變得這麼苛刻？」

「你什麼時候開始改變的？」我希望藉由這句話，讓他沉靜下來，覺察自我變化的關鍵。

他沉默片刻，緩緩回答：「當我明白自己能做到時，就覺得別人理應也可以，所以漸漸地對他人的問題變得無法容忍。」

威廉的優秀表現背後，藏著他漫長的奮鬥歷程。過去，他經常遭遇母親的貶低與羞辱。媽媽總是嫉妒身邊朋友孩子的成績，對他的考試分數或各方面表現都常常冷嘲熱諷，讓他在自卑中掙扎。父親也差不多，對他簡單明瞭的期望就是好好讀書。

於是，威廉拼命學習，犧牲了無數個夜晚的睡眠，放棄玩樂的時間，最終如願以償考上了頂大。當媽媽的態度因為他的成功一百八十度轉變時，他心中湧起一絲優越感，這讓他深信：「人必須重視成功的結果，做到才不會被人看扁。」

了解了威廉的過去後，我告訴他：「你有理由自豪，因為你曾在孤獨中打拼，憑藉努力贏得了別人的肯定。這段經歷讓你相信：我能做到，為何你不能？再怎麼艱辛，我都走過來了，你只是缺乏意志力！你體會到一分耕耘一分收穫的道理，但人生還有許多變數，每個人都有不同的優勢和弱點。媽媽只以成功的結果來評斷你，而現在你好像也成為只以成功表現來評價別人的人。這是你想成為的人嗎？」

威廉聽完有點錯愕，他從未意識到自己是被評斷的過來人，卻逐漸遺忘了同理心。他渴望與人建立情感連結，我能感受到他內心深處想改變的意願。

或許，這是一段重拾同理心的旅程，一個曾經孤獨奮鬥的靈魂，正努力向前，期待在理解中重新找回自己。

小美人魚的交換條件

我再舉個案例來說明，伊娃（28歲）在一個大家族中長大，身邊環繞著成就斐然的親戚，父母更是上市公司的高階主管。她的生活看似光鮮亮麗，名牌服飾與奢華假期讓她成為眾人羨慕的對象。然而，家族重男輕女的觀念讓她感到內心缺失了重要的東西——真正的關注和重視。

伊娃常常聽到父母和哥哥討論未來的發展，互動中笑聲不斷，但父母卻從未真正關心過她的心情。雖然她知道自己擁有財富，但心中卻明白，金錢並不能填補她內心的空虛。對她來說，自己的價值似乎完全依賴於財富，而非內在的成就感。

伊娃想要證明自己的價值，因此在工作上表現得異常出色。她高效地規劃案子，積極推進每一項任務，整合資源的能力讓同事們刮目相看，漸漸贏得了父母的認可，建立了自信。

然而，當她的生活看似完美無瑕時，她和男朋友的關係卻經常陷入爭吵。她不理解男友為什麼不能周到地安排旅行行程，認為如果由她來處理，肯定不會出現意外與失誤。這種對男友的負面評價在她心中悄然滋長，讓她開始對他表現出輕視的態度。這樣的貶抑行為也逐漸侵蝕了他們的關係。

伊娃在看似完美的生活中，對男友的行為感到越來越不滿。每當她感到自己出色時，對男友的批評聲音便越發尖銳。男友感到無奈，經常向她請求：「可不可以對我多一點體諒？」然而，伊娃卻無法理解他的感受，情感上的需要與伴侶間的衝突讓她陷入了困境。

當她終於意識到自己的問題時，心中閃過一絲豁然開朗的感覺，但也伴隨著內疚。她明白，自己想要做得完美，卻忽視了男友真正的需求。她也理解到同理心在關係中的重要性，並開始反思自己過往的行為。

這一刻，伊娃下定決心要改變，努力去理解男友的心情，試圖彌補過去的不足。她開始學會在關係中不是只去追求自己的完美，而是試著去接納和同理對方的感受。這段自我覺醒的旅程，讓她明白真正的價值不僅在於外在的成就，還在於與他人建立深厚的連結和理解。

超越自卑感的人好像小美人魚與巫師的交換條件，超越了自卑感卻遺失了同理心。不只是遺失了對他人的同理心，還遺失了對自己的同理心，因此對自己也會更加苛刻。

就像威廉永無止境地孤軍作戰，伊娃強迫般的執著於自認為最好的各種方式，這些都會讓自己看起來好像高人一等，但是在不斷的堅持下，卻會讓自己心神耗盡。

我認為的自我肯定就該是心裡覺得自己優秀，但是又不會瞧不起別人。我們了解到每個人都是不一樣的：做事方式不一樣，有人隨遇而安，有人做事就是兢兢業業。人的價值觀也不一樣，並不是沒照自己的方式，就是不好。人對不同的事情，也有不同的感受，每個人都是獨特的。在人際關係裡，需要被同理和接納。

因此，若你意識到自傲的態度和貶低他人的想法時，請告訴自己：人與人之間沒有可比性，他人有自己人生的風景，不需要你的評斷。若是你很親近的人，請記得先有同理心，你可以跟對方說：「我知道了，這是你的需要。」「謝謝你告訴我，這樣我比較知道你的情況。」再來討論事情可以如何解決。

請記住，當你努力克服自卑時，應該同時培養自我肯定與同理心，這樣才能避免成為沉浸在自我感覺良好的人。

自卑陰影的癥結，就是需要被討厭的勇氣

有些人從小就感到被父母這樣關係親近的人所討厭。被討厭的方式有很多種，有的人受到手足的比較，有的人則是被忽略、暴力、情緒勒索等等。

若是被「渴望能愛自己的人」討厭，你會有什麼感覺？

「我一直很努力達到他的期望，什麼時候我才夠好，可以得到他的關愛？」深深的期盼也帶著深深的失望，這是我常聽到的答案。

被塑造成溫順的小貓

梅根（34歲）從小就感受到母親的掌控與苛求，這讓她對愛的感知變得扭曲。在初次諮商時，梅根似乎在交代自己的行為背後的原因，而不是分享真正的內心世界。她那雙眼睛閃爍著不安，似乎時時刻刻都在尋求我的認可。

「如果連媽媽都不能愛自己，那麼向我敞開心扉，對她來說是多麼艱難的事啊！」我心中暗想。我努力不被她的緊張情緒所影響，專注於她的內心世界，希望能讓她逐漸放鬆下來，找到真正的自己。

隨著諮商的深入，我開始了解梅根的成長歷程。她的外在形象被塑造成一隻溫順的貓咪，總是小心翼翼地迎合他人，但在她的內心深處，卻藏著一隻渴望咆哮的巨獅。這種自我壓抑的生活讓她感到窒息，成長過程中，梅根經歷了太多的不被接納，每當出現問題，她相信從來都不是媽媽的錯，總是歸咎於自己不夠好所導致。而她的生活圈裡，總是存在一些操控型的人，讓她不知所措。

在工作中，她盡量避免衝突，不敢表現出自己的情緒，仍然維持著那種溫順小貓的姿態。這使得她的同事們不自覺地把責任推給她，請她幫忙做一些額外的工作。梅根心裡不滿，卻因為害怕被討厭而無法拒絕。

梅根在公司裡的表現無疑是卓越的，因為她一直在追求完美，努力達成任務。而這背後的動機，其實是她害怕被排擠，害怕關係的僵化，甚至擔心自己的「巨獅」會在不經意間爆發。於是，她在工作中極力追求完美，絕不容許自己犯錯。終於，她憑藉努力獲得了主管的職位，卻發現面對的挑戰與壓力更是翻倍，與下屬的意見衝突讓她越發苦惱。她害怕被討厭，這種恐懼源於她內心深處未解的痛苦。

在諮商中，梅根開始正視自己內心的矛盾，逐漸釋放那隻被壓抑的巨獅。她勇敢地表達自己的感受，與我分享那些一直以來的委屈。當我告訴她，這些情緒都是合理的時候，她開始意識到，自己的表達並不是不理性的要求，而是一種健康的抒發。

釋放巨獅

某一天，梅根帶著興奮的神情告訴我，她在工作中面對一位挑釁的下屬時，終於能夠直言不諱。她不再是那隻默默忍耐的小貓，而是開始展現出她的堅定與力量。雖然事後她全身發抖，心情不安許久，但是她意外地發現部屬不再隨便對待她。這次經歷讓她感到無比釋放，並意外地獲得下屬的理解與尊重。

隨著時間的推移，梅根在諮商中練習著如何在合適的場合表達自己的想法，她堅持不斷面對自己的恐懼，儘管心裡是那麼怕被人討厭，那麼在意別人的眼光。她從失眠做惡夢、畏懼進公司見到同事，到後來漸漸適應新的主管角色，並慢慢將內心的溫順貓咪與威嚴巨獅融合，她不再害怕被討厭，反而感受到更深的自信與安全感。她開始與同事分享真實的自己，並驚喜地發現，這樣的開放讓彼此的關係變得更加融洽。

梅根的故事讓我印象深刻，她從一個瑟縮的角色蛻變為勇於表達自己的人，展現了內在的力量。我們常以為消除自卑感需要周圍人的肯定，但當你發現自己已經疲於取悅他人時，會意識到做自己才是最重要的。活出真我，如冬日的陽光，才能真正驅散自卑的陰影。

自卑的陰影下，許多有才能的人在關係中掙扎不已。想突破這一現狀，需要勇敢面對被討厭的恐懼，學會合理拒絕，並真實表達自己。梅根的故事激勵著那些在職場中感到迷惘的人，讓大家相信真實的自我才是最具有力量。

自卑者往往不習慣表達真實想法，面對衝突時會感到不安和緊張，擔心別人的反應。其實只要堅定自己的信念，接受焦慮是過程的一部分，告訴自己這是新的開始，最後將發現別人不會因此討厭你，而你也能獲得相對的尊重。

要走出自卑，站在人前承擔責任，必須不怕批評、不怕別人的反對和議論。學會尊重自己，才能獲得他人的尊重。在健康的人際關係中，建立真實的自信，最終才能走出內心的自卑。

自卑情結懶人包

我從在精神科專門醫院的病房實習開始，就接觸到各種不同類型的病患，醫師看到青少年與我諮商後的成效很好，後來一有青少年心理問題就會想到我。之後又有國中、高中、大學的輔導中心主任邀請我去和家長演講，並提供學生們諮商，使我更有機會接觸時下許多青年學子的內心世界，累積了很多有關課業焦慮、厭學拒學的諮商經驗。當我看到他們能夠解開心結，開始對未來有期待，總是激動不已。

在此同時，當然也會陪伴那些無計可施的父母，他們就像熱鍋上的螞蟻焦急又無助。眼看孩子要上某些科目或遇到考試就不去學校，看著孩子沮喪和焦慮，父母很想幫助他，卻完全不懂他是怎麼了？

若是父母心裡冒出一個想法：「他是不是心理生病了？」或是「好擔心

他繼續這樣下去，會一蹶不振成為啃老族。」那麼引發這些想法的可能，就是已經體會到了孩子的自卑情結正在作祟。

自卑情結是導致社會退縮的其中一個很重要的原因，為何會這麼嚴重，讓人為了避開別人的眼光，寧可躲在家裡呢？我將臨床觀察歸納以下兩點。

一、習得無助感：不幸、糟糕的人就是我

自卑情結類型的人總有某個時刻，開始認定自己等於不幸、糟糕差勁的人。這和自卑陰影的差別就是，自卑陰影的人會想克服自卑，但是自卑情結的人有了習得無助感[3]，從過去的失敗中感到乏力，宣判自己無法克服自卑了。

可能是長時間遇到被排擠的情況、很認真努力學習但成績沒有進步、對自己的外表沒自信、常忘東忘西或自制力很差……於是內心的無力感無法將自己和失敗分化，暗暗認定自己註定是魯蛇。

自卑情結的人有萬般無奈，很多起因不是自己造成的。威得（29歲）在

3 習得無助感：是指心理上認為自己無法控制某件事情，進而產生了消極的行為。

十二歲的時候，媽媽因為外遇離家，從此就再也沒見過面。他曾經為了隱瞞媽媽偷情的事，不得不對爸爸說謊，以至於心裡有太多背叛爸爸的內疚，沒有挽留媽媽也令他自責。

他的腦中有時會倒帶回想起過去，感受到「自己不重要」、「自己很沒用」，對一切都感到抱歉，心想：「一定是我不好，媽媽才會離開。」有了自責的想法之後，再也無法輕鬆寬容地對待自己，無論課業或在生活裡犯了任何小錯，就心裡罵自己、怨自己、不喜歡自己。總覺得自己什麼都做不好，這就是自卑情結的開始。

當威得感到別人不尊重自己，或是被輕視忽略時，好像潛意識覺得自己活該，時常默默承受，假裝無所謂，或者覺得不要跟別人太親近就好了。威得不埋怨別人，反而對自己感到羞愧，踐踏自尊的習慣從此就建立了。

這種痛對威得來說太難修復。他覺得自卑感是一種空洞的感覺：內心渴望被肯定，但又找不到可以肯定他的人。於是每天都糾結著爸爸對他的評價，對爸爸又恨又愛滿是矛盾，儘管不想遵照爸爸的期待，但又無法不在乎爸爸的眼光。他不想說出內心的問題，不讓身邊的人知道他正面對的心理困境，所以也就得不到幫助。

很多厭學拒學的青少年也和威得一樣，曾在某個時刻感到習得無助。常聽到他們說：「我用一個學期拼命念這門科目，但是兩次的大考成績都還是很不好。我覺得自己好爛，我不想念了，不想再努力了。」許多青少年將這樣的想法放在心裡，根本不敢告訴別人。

然後越來越認定自己就是那個扶不起的阿斗，獨自傷心難過，深深地對自己失望。最害怕的是讓父母難過，擔心父母無法接受糟糕的自己。當一個人在很長的時間，沒有接受肯定時，就會造成自卑情結。

二、逃避，使自卑情結進化為妖怪

你有看過深海的動物嗎？牠們的外形超奇怪，有些擁有突兀巨大的眼睛，無所不用其極地吸收光線；有些長著像身體一樣寬的血盆大口，大小獵物通吃；還有些有著像針一樣的尖利毒牙，足以防衛攻擊。在伸手不見五指的幽暗海底，大多數的動物演變出奇特的能力，才可以游刃有餘地生存在廣袤大海中。

人心像海底深，忽視自卑情結的方法不少，其中一項最可怕的就是逃避，逃到心海最黑暗的深處，自卑情結就「進化」成為妖怪。

在建立深度的諮商關係後，心理師才能被允許進入深海層，每當進入自卑情結變種的領域時，就覺得真的好像潛入深海，胸口的高壓感在諮商室裡產生，讓我同理到對方在這樣的狀態下生存，其實很不好受。從習得無助到行屍走肉地活著，形成一種不誠懇的存在模式，缺乏為自己生命負責的自覺，取而代之的是被外力控制的感覺。

妮妮（23歲）工作的半年期間，抱怨老闆說明不夠清楚，主管的提醒讓她覺得很不舒服，公司處處讓她覺得不如人，後來就乾脆辭職躲在房間裡，不想見到任何人，到現在已經一年無業了。

妮妮的媽媽很想幫助女兒，但無論做什麼都無法減少妮妮的自卑，她很擔心女兒會成為躺平族。妮妮已經覺得自己不夠好了，現在意識到媽媽的期望，覺得有種莫名的壓力。感覺這些壓力都是環境造成的，她只想每天在家躺平。妮妮儘量不去和朋友接觸，以免感到差距。在自己的房間裡用著媽媽給的零用錢，從有罪惡感到後來也不去想太多了，這些都是逃避的現象。

不誠懇的存在自然會有焦慮，因為沒有踏實地活著，所以感覺到不安。自卑情結變種的妖怪，就是對於存在焦慮的防衛。防衛的方法就是幻想和餵養自己的感覺。

妮妮開始喜歡做手工毛線，幻想有一天自己開一家小店，這麼想的時候，就覺得生活很充實。但是千萬別提到實際去開店闖闖這些計畫，她聽到就會覺得別人在對她施壓，一點也沒有顧到她已經很脆弱的心靈，「大家都在逼我，好像我不去做，就活該被人罵。」

妮妮沒有為生命負責的自省能力，自省對她來說是很可怕的控訴，會把她打入十八層地獄。但是存在焦慮感實在太難受了，所以她總是買一大包巧克力、糖果、餅乾等零嘴吃，藉以撫慰她的心靈。她就這樣一天過一天，看起來似乎可以宅在家打毛線一輩子。

「其實我想讓你知道，」妮妮認真看著我，鼓起勇氣和我說：「我是一個很懶的人。」

懶是這個妖怪的特徵，懶得交朋友、懶得與人互動、懶得出門、懶得運動、懶得深入思考為未來做實際籌畫。幻想和短暫愉悅的感覺，就是自卑情結讓他們能夠不誠懇活著的自我防衛方式。這樣暫時可以好過一點，只是維持這樣的狀態太久，漸漸變得什麼都懶得做了。

與自卑情結相遇時，我戰戰兢兢地看待這些已經適應某種生態的生命體，相信沒有人想這樣生活，偏偏時間一長，很多的困擾都已經讓人無從下手。因此我體恤妮妮的不容易，也欣賞她做的所有努力，再慢慢引導她往前邁一步。

二十一天擺脫自卑情結

就像是心理收納整理師，如果你決心不逃避，我願意捲起衣袖，陪伴你梳理千萬頭緒。心理諮商有個概念，就是「只要有個開始，就已經成功了」，所以沒關係，再相信自己一次！只要邁開小步伐，堅持把每一步走好，就能夠看到成果。

以下是我提供的方法，讓你擺脫自卑情結，成為能夠肯定自我的人。你可以試看看，堅持二十一天，觀察自己有什麼變化。

SECRET TIPS

1. 破除「我不好」的思維：當你對自己感到不滿時，請停止謾罵自己。
2. 接納真正的自己：放輕鬆看待犯錯，不要用後悔的角度看事情，而是告訴自己「這次我有學到就足夠了」、「若沒有發生這樣的事，我就不會有新的體悟」。人本來就不完美，不用照別人的期望。認識自己，接受真我就好。
3. 與自卑感多相處一會：自卑感就是一種羞愧的感覺，臉頰會感到熱熱的。人感到羞愧時，會想將羞愧感從身上扔出去。自卑感雖然會令你不舒服，但是當你感到自卑的時候，請不要嫌棄它，或忽略這種感覺。請與自卑感多相處一會，感受一下。

中場休息

不逃避自卑感是一個好的開始，才不會因為感受不好，而去做些暫時得到快感卻不健康的事，像是開快車、酗酒、一夜情、亂花錢等等，做這些事完全無用，因為做完你會掉入另一個內疚的處境。自卑感只是一種感覺，不會吃掉你，你可以放心和它共處！接下來我們要建立真實的自尊。

4. 不餵養負向情緒：不要用躺床、玩電動、滑影片、吃甜點零食等不健康的方式面對負向情緒。做這些事只會讓你在真實生活裡感到更空虛，以至於讓負向情緒如滾雪球般的長大。

5. 設定實際的小目標：若你想要變得更健康，可以先以一個喜歡的健康方式開始，像是晚上八點後不吃固體食物，或是零食用蔬菜沙拉取代。若你想賺錢有自主能力，那麼就先從整理履歷表開始就好。聚焦在可以做到的事上，要注意別讓自卑的負向想法出現，停止延伸去想許多阻礙和困難。

6. 一需要幫助，就開口請人幫忙：自卑的人需要被幫助的時候，會因許多原因壓抑需求，通常直到實在沒辦法才會向外求助。無助感一旦累積久了，就會更無力。所以，當需要被幫助時，就要讓別人知道。

7. 斷捨離不良的關係：對於那些持續用諷刺、侮蔑等不良態度對待你的人，請務必遠離，並且學習拒絕被人這樣對待。

8. 完成目標後請大肆表揚自己一番，並和你信任的朋友分享喜悅：請不要再吝嗇稱讚、看好自己，翻轉自卑的方法，就是客觀地接受自己的好。大聲告訴自己：「你很棒！你很棒！你很棒！」

CHAPTER 5

五種家庭類型 探查三大通病的根源

你生長的「土壤」是哪一種呢？

你是否有意識到，自己在某個領域會在意起誰的眼光？而且你越來越感受到自己的在意時，雖然很想要抗拒，卻反而更加在意。或許你了解前面分析的三個通病似乎多少也出現在你身上，若不改善，未來可能更難去面對人際關係裡的各種困境。

於是此時我們會猜想：「對啊！這些通病到底是從哪裡來的？讓我長成了現在這個模樣？」

什麼樣的土壤，會長出什麼樣的果樹：土壤保水率差的沙漠裡會長出仙人掌，沼澤的軟濕土質就很適合水草、蘆葦、香蒲等植物的生長，而上等的茶樹則要栽種在經由完全風化腐熟，且發育良好又含有較高腐植質的土壤中。

我們常說土生土長，若將「土」意指你成長的家庭環境也不為過。在不同的家庭裡成長，自然每一個人就會長得不太一樣。

在原生家庭裡與主要照顧者的互動次數是數不清的，若是你曾感受到恐懼和強烈的失落，那麼潛意識將會冒出某些自我內言，譬如說「我一點也不重要」、「我不好，所以沒有人會喜歡我」、「別人就是比我優秀」、「我做不好就完蛋了」的想法。也就是說成為你自己很主要的一部分，是與主要照顧者互動的情緒經驗而產生的結果。

因為我們都生長在不同互動模式的家庭裡，在我長時間深入的諮商觀察下，我認為會過分在意別人眼光的根源，與你在成長時期焦慮的關係經驗有關。

你可能心裡會想：怎麼會是這樣呢？在我完整回答你之前，請讓我先說明什麼是焦慮的關係經驗。

主要照顧者的三種特質

焦慮的關係經驗，是指來自於成長的過程中和主要照顧者的互動，產生了不安定的感受，造成焦慮的關係體驗。通常是主要照顧者有以下三種特質：

一、自我中心或缺乏同理心

主要照顧者總是以自我為中心或缺乏同理心，在孩子有需要的時候，無法提供情感適切的回應，滿足其身體或心理的需要。需求被有意或無意的惡待和忽略時，這樣的互動經驗，使孩子長期處於被拒絕的挫折感。到青少年時期，與主要照顧者無法成為互相能尊重的獨立個體，往後的親子關係不是過於依賴糾纏，就是過於冷淡疏遠。

二、抗壓性低和憂鬱傾向

當主要照顧者本身容易擔心、焦慮高或有憂鬱情緒時，孩子會聽到負面的言語，和從照顧者身上接收到對世界抱持緊張不安的態度。孩子感受到照顧者的脆弱，於是將關注放在主要照顧者身上，因此會造成其個人在情感上無法真正放心向外探索世界，很容易建立起情感過於糾纏矛盾的關係。孩子承載情感的負荷太大，在關係裡容易感到窒息。

三、凡事掌控

當主要照顧者處處先幫孩子做好事情或做決定，使孩子缺乏嘗試或犯錯的機會，並且對孩子想要獨立表現出拒絕和擔心時，孩子很可能會從過度保護和限制的經驗裡，對外界感到莫名地害怕，對自己應對外界的能力懷疑。孩子的內在焦慮，會讓他們到青少年時期想推開主要照顧者的掌控，但是又不敢真正獨立，處於充滿矛盾的狀態之中，通常都會造成親子關係情感的糾纏。

以上三種的關係互動經驗，都導致孩子會壓抑自己的感受，長期在情感不被了解的情況下，對主要照顧者的信任收回，變得只信任自己，不再能夠放心地與人建立信賴的關係，造成在未來關係中也是充滿焦慮不安並難以安適地做自己。

接下來，我想談及這三種特質的主要照顧者，在五種類型家庭中詳細的樣貌。

解析屬於自己的家庭類型

在諮商的臨床觀察中，我將焦慮關係經驗的家庭分成五種類型，本章將一一詳細說明每種類型中，包含怎樣的家庭互動情形。希望清晰的分類和說明，能夠讓你認識自己的原生家庭。

每個家庭都有它的生命週期[4]（family life cycle），這是指一個家庭發展會經過一些歷程和階段。從你的父母結婚成立一個家庭之後，他們有了孩子，家庭多了新的成員，就會相繼歷經育兒階段、學齡兒階段、青少年階段，以至家庭成員的離家、甚至離世的各個階段。

家庭生命週期可能在不同階段時期，會出現不同典型的家庭類型。這是因為家裡發生了某些事件，造成當時家人互動的改變，所以你很可能會發現以整個家庭的生命週期來看，自己經歷了不只一種類型的情況。

建議你可以先來了解以下五種典型的家庭類型，讓你更了解自己成長的環境組成成分。解析屬於自己的家庭類型，將能深度幫助你了解自己，在焦慮關係經驗中造成了哪些情緒困擾，以至於讓你很容易在意別人的眼光，而無法自拔。後續會分享有效的情緒行動策略，好讓我們真正擺脫在意別人眼光的情緒困擾，給出專屬於自己的成長處方箋。

4 家庭生命週期（family life cycle）：指家庭發展所經過階段歷程。家庭與個人一樣有其發展階段，隨時向前行而經歷不同的生命季節，隨著家庭組織者的年齡漸長，而表現出明顯的階段性，並隨著家庭組織者的壽命而消亡。

1．高壓威脅自主的家庭

這種家庭就像一個在密閉狀態以蒸氣傳導使食物加熱、熟化的悶燒鍋。在高壓的家庭裡，因為父母的過度保護，所以孩子受限在一個父母允許的範圍之內，在屏蔽下長大、成熟。當然，孩子不是食物，這樣悶著長大的孩子，會因為過度壓抑自己，通常都有不良的後果。

當孩子長大了想向外探索發展時，雖然對外界感到好奇，但是成長的環境畢竟和外面的環境不一樣，許多事情可能沒有親自處理過，很可能會對自己的能力不太有自信。而小心翼翼害怕犯錯或被討厭，這就是最容易造成你在意別人眼光的原因。

高壓威脅自主的家庭（High pressure parental family）大致可分成四種主要照顧者的樣貌：

一、強勢主導意見的高壓教養

這是一般常見的情況，就是當孩子與父母的意見不同時，父母強勢的情緒威脅，不聽孩子的想法，執意進行想要的行動，因此忽略了孩子健康發展所需要被傾聽的需求，當然也不會回應孩子的想法、感受。

溫蒂（15歲）每次提到媽媽時，都會感到很生氣，因為從課業到她交的朋友、買什麼東西或穿什麼衣服，媽媽都要管。她覺得完全無法有自己的意見，這讓她很有壓力，所以她就會在家是一套，一出門就換上其他的衣服，化了妝後照樣去見想見的朋友。

她與媽媽的關係越來越差，一見面就吵架。溫蒂抗拒高壓教養的方式，就是預先感應別人可能會投出的眼光，因此心裡常會想「媽媽這時又會說什麼」、「她又會叫我怎麼做」的各種念頭，她敏感且預先偵測的雷達，是為了隨時「反擊抵抗媽媽的觀點」。

溫蒂以為自己超不在意別人的眼光，其實反而變成一直在留意著周圍的人對自己的看法，所以溫蒂常覺得周圍的人對她都充滿意見，讓她心存不平，這就成了溫蒂誤解自己的盲點。

二、以「在乎」為糖衣包裹的高壓教養

在某些家庭中，父母出於自身情感的需求，對孩子施加了高壓的教養。這種父母的付出和關心往往是期待孩子長大後能夠體貼和照顧自己，但代價卻是讓孩子必須犧牲他們的想法和需求。這樣一來，孩子難以真正做自己，而是被迫迎合父母的期待，長期下去會使他們感到壓力和不快。

簡單來說，父母的「在乎」有時候是一種隱形的束縛，讓孩子感覺自己必須服從和取悅他們，而失去了追求自己夢想的機會。這樣的情感依賴雖然表面上看起來是關愛，實則卻讓孩子難以找到真正的自我。

瑞芬（46歲）就是在這樣的親子關係裡長大。因為父母感情不好，爸爸將情感都寄託在她的身上，去哪裡都帶著她，她和爸爸的關係很親近。

瑞芬的父親很晚才生了她，當父親六十多歲時，她正值青春期，她有許多想做的事情，例如：參加營隊露營、出國研習、和朋友聚會等等，但爸爸都以擔心安危為由，一概不讓她參加。她體諒爸爸的擔心，也只好壓抑心裡真正的想法，順著爸爸的意思走，可是過度保護的愛卻成為她最大的負擔。

瑞芬結婚之後，也是一位體貼的好妻子，但體貼這件事，會有一體兩面的效果：正向方面是善解人意，負向方面就容易成為壓抑退讓的那一方，而且後者通常很難自我覺察到。她對丈夫的情緒非常敏感，不自覺地會受到影響和牽制；就像過去在意父親的情緒一樣，她也很容易被丈夫的想法說服，結果丈夫就變本加厲地限制她不能做什麼、不能和誰交朋友。

瑞芬曾經暗自希望結婚以後，就可以享受成為自己的自由。但是，在婚姻裡，卻讓她最終意識到失去自己的痛苦。

瑞芬很用心地在每一段關係裡付出，不是嗎？但她的盲點就是原生家庭裡父親的高壓限制，使她絲毫沒有意識到早已經把別人的眼光視為自己要去滿足的對象，所以進入婚姻階段就非常容易成為以丈夫眼光為主的妻子了。

三、以社會價值為標準的高壓教養

在我的臨床經驗裡發現，有一種高壓是來自社會的標準。這種家庭的小孩從小就很懂事、很乖巧，心知肚明別人對你的期待，從別人那裡得來的讚賞和評價，一直都是他們心裡的壓力。

從小到大，艾瑞（22歲）都很守規矩，是品學兼優的好學生。直到他讀大學時，因為選錯科系，成績很差，住校時有憂鬱傾向，無法起床上學，即使轉系之後也一直在適應環境和調適心情。

艾瑞的父親是警察，母親是學校老師。他從小和媽媽在同一個小學，常常聽到老師稱讚他的品行表現時，同時會誇獎媽媽，所以他十分遵守校規，並在意師長眼光的標準，認為他的表現不可以讓家人丟臉。學校的眼光給他許多對自己要求的壓力，所以只要是在學習的環境裡，他就無法自然地做自己。雖然父母按著道德規範來教育並沒有什麼問題，但是艾瑞所處的整體環境，簡直沒有給他絲毫喘息的空間。

因此，艾瑞內心一直處於高壓的狀態，父母並不知道，覺得只要艾瑞可以有更好的表現，就應該要求他。艾瑞的壓迫感不只來自於父母，更來自於學校標榜的模範形象，是這樣的框架束縛著他，讓他無法健康地自我發展，其實早在他高中時期，就對「我是誰」感到很焦慮了。

在大學遭遇到轉系的問題時，他要面對原系的成績不好，還要承擔轉系後自己的選擇。從老師到同學的眼光，到對自己選擇的不安，讓他很難面對所有的人，久而久之就罹患了憂鬱症。

這種情況常在父母職業是老師的家庭裡發生，和我談話的家長通常很積極地幫助孩子，會心急如焚地告訴我：「我怎麼也沒有想到，他一直都很好，怎麼會這樣呢？」而我總會告訴他們：「只要開始，一切都不晚，讓我們一起來努力。」

四、剝奪培養自主能力的高壓教養

有些父母就算孩子長大成人了，還是處處為孩子預備好，不讓他們做家事、處理事情，把他們當小孩子一樣看待，以為是疼愛孩子，其實是剝奪孩子自主學習的機會。或許他們已經是成年人了，卻還一直承受著父母高壓的互動模式，相信隨著年紀越大，你越能體會到這種模式的後果。

當他們越來越成熟時，會想讓父母少做些什麼，但是父母執意的情感攻勢，說服他們不必擔負責任，後果就是造成他們會有選擇方面的焦慮，沒有信心做出任何決定。在這種親子關係中，我鼓勵孩子要慢慢擔負責任，而父母也要慢慢退場。

幸福的妮可（27歲）有個體貼的老公，才剛生完一個寶寶，爸爸媽媽都來家裡幫忙，家庭真是圓滿喜悅。但是，妮可卻罹患了產後憂鬱症，甚至有了輕生的念頭。她妥協地待在舒適圈很久以後，沒想到卻遇到人生這麼大的低谷。

妮可回憶自己從小就被父母保護得無微不至，她不需要做家事，不需要採買任何家庭用品，父母對她的課業學習也沒有要求。青少年時期，她常常覺得自己沒有用，不如別人有能力，但爸爸媽媽希望她無憂無慮地長大，總還是把所有事情都處理得很周全，結果妮可一次次失去了學習負責、自我肯定的機會。

連妮可生了孩子以後，父母的態度仍然不變。妮可不斷面對自己的無能，和對於自主能力的懷疑，悲傷的眼淚似乎在說明母親角色被剝奪的痛苦。

妮可的父母雖不是強勢的，卻是高壓剝奪學習自主能力的機會。從她的案例我們可以理解，這種由別人主宰的生活，往往讓人在人前感到自己的無能，後來便會演變成在意別人眼光的來源。

如果你也陷入和妮可一樣的處境，或許有時你會感到強烈的委屈和生氣，但是又似乎找不出原因，也找不到可以生氣的對象，所以只好怪自己，或者往別的地方去證明自我。

2．高焦慮（焦急、叨念、負向思考）的家庭

父母具有情緒穩定的審慎思考，這是經營家庭很重要的特質。但如果父母本身很焦慮，擔心許多事情，凡事想很多、想很遠、想很負面的情況，時常以此叮嚀孩子，向孩子分享許多負向的看法，這樣父母的焦慮就會影響孩子，也會使孩子焦慮起來。之後，孩子凡事也都會變得想很多，很會考慮別人的觀點和在意他人如何看自己。

焦急、叨念、負向思考的家庭（Anxious parental family）大致可分成三種主要照顧者的樣貌：

一、負向思考的高焦慮教養

阿吉（22歲）在畢業後準備去找工作了，媽媽就像往常一樣，開始做許多

負向的假設。這種情形也發生在很多父母身上，他們希望預告孩子，讓孩子對社會有合理的期待、受得住社會職場現況，而能腳踏實地地工作。可是，有些父母不是與孩子討論現在的社會環境，而是因為本身很焦慮，想到什麼就講什麼，全是負面的情境，例如：「你畢業可能找不到工作」、「可能要很久才會找到喔」、「不要待在家做啃老族」、「怎麼還沒開始找，工作都被別人做走了」……

阿吉的媽媽就是這樣，因為焦慮的負向思考，讓阿吉忍不住也緊張了起來。他向我訴苦：「我好像被詛咒，媽媽越是這樣，我越是什麼都不想做。」後來，他很害怕踏出舒適圈會印證媽媽所有負面的話，結果是媽媽越急、越常提醒，他越拖延，最後因為太焦慮而無法有所行動，甚至放棄大好的面試機會。

在諮商裡，我的陪伴是站在來談者的右後方，去望向他眼前的風景。好的陪伴是慢慢地跟隨，不是躁進地催促。我總是提醒父母們別心急，請他們站在孩子的右後方，由孩子先想先做，父母只需要從旁給予支持。

二、焦急、叨念的高焦慮教養

焦慮是一種傳染病，尤其容易傳給最親近的人。請問你在親子關係裡焦慮嗎？

路克（23歲）感到越來越不安，他告訴我：「我做什麼事情，要檢查好幾遍，知道沒錯，但還是會擔心會不會有問題。我有時心跳好快，好恐慌。」

原來是路克讀高中時，他的爸爸剛好退休，之後無論平日或假日，爸爸天一亮就直接進到路克的房間拉開窗簾，叫路克不要賴床。到了大學，爸爸很認真地關心他的課業，這學期要修什麼課，爸爸都會先上網查好，然後催促路克不要忘記上網登記，會一直念到路克做完。

路克大學都要畢業了，爸爸還會一直問他：「不是要去上課嗎？快遲到了，你快快快！」路克晚一點回家，就問他：「你今天去哪裡了？怎麼現在才回來？」爸爸緊迫盯人的焦慮擔心，投射給路克的印象就是自己好像不能做好事情。這種焦慮擔心在各方面發酵，就像路克不敢去找教授討論事情，很擔心自己說不好，會有負面的結果。

你有發現自己的焦慮嗎？發現平時你的表情嚴肅，思想很負面嗎？若是你有一個專注關心的對象，通常他會感到很大的壓力。因為焦慮本身就讓人不舒服，如果你想要身旁的人健康有活力，就要讓自己保持正向的想法和愉快的心情，這點很重要！

一旦雙方都很焦慮的話，就好像磁鐵一樣，同極相斥，關係就很難親近了。你願意先改善焦慮嗎？專注降低自身的焦慮，你會感到輕鬆安心，對方也才會更好。

三、天性缺乏撫慰、耐心的教養

戴蒙（60歲）是一位具有自覺的父親，他在高焦慮的原生家庭中長大，立志不將這種焦慮傳遞給下一代。然而，女兒雪那（17歲）卻仍出現了焦慮症狀。

孩子的焦慮一般可能來自家庭、社區或學校的經驗，而戴蒙的孩子就是在學校裡發生了被霸凌的事情。可以從傷害裡復原的孩子，大部分都是有家庭的關愛和支持，當孩子遭遇不幸時，自然轉向期待家庭的溫暖。此時會凸顯平時父母在撫慰和耐心上的能力，也就是平時孩子是否能被好好理解。

當我認識雪那時，得知她在醫院檢查中並沒有查出身體上的問題，醫生推測可能是心理壓力所致。與她的對話讓人心疼，雪那激動地流下眼淚，說道：「爸爸總是否定我，有時還用冷嘲熱諷的語氣對我說：『該吃飯的時候不吃，你最好學會照顧自己。』我現在真的很需要溫柔的對待，我無法再承受一絲的痛苦了。」

當我詢問她是否告訴過爸爸自己的感受時，雪那搖頭說：「我說不出口，我很怕他。」這種害怕使她無法表達內心的真實想法，對父親的關係充滿了矛盾和焦慮。

戴蒙本意是關心女兒的飲食，但他的方式卻是冷漠而帶有責備。即使在家中他努力不傳遞負面情緒，但一開口就流露出批判的語氣。這讓雪那感到畏懼，進一步加深了她的焦慮感。所以，平時她早就學會了過度地察言觀色，生怕自己的情緒會讓父親不快，甚至在與朋友相處時也有類似的壓力，因為害怕衝突，就變成常常是自己吞忍受傷。

父女在這樣的困境中，來到我的諮商室，我也成為他們溝通的橋梁。我知道戴蒙對雪那的關心是真誠的，只是他天生缺乏撫慰和耐心，這使他在面對女兒焦慮時感到無力。而雪那壓抑對爸爸的恐懼，埋藏在心中不說出來，不但爸爸永遠也不會知道，她的焦慮也會一直持續下去。為了鼓勵雪那能夠向爸爸說出內心真實的想法，我對她說：「你有沒有注意到爸爸的努力？現在你已經生病了，但你還是一直不向爸爸說出你的困擾，如果繼續這樣下去，你可能會變得更加埋怨爸爸，也會討厭這樣的自己，這是你想要的嗎？」

當雪那意識到爸爸平時為了改變所做的努力時，她因著盼望決定勇敢地表達自己的感受。那一天，戴蒙聽完女兒的話，承諾將專注改善自己的焦慮，也分享了自己的成長經歷，並含淚向女兒道歉。父女倆在那一刻的哭泣，彼此的心靈碰撞，讓原本緊張的關係開始變得柔和。

這是一段深刻而坦誠的對話，戴蒙在無力時仍舊堅持開放溝通，以及雪那從怨恨到理解的轉變，讓我深受感動，相信他們流下的淚水是一個美好關係的開始。

3．沒有陪伴的家庭

在沒有陪伴的家庭裡長大，就好像在一個沒有圍欄的大草坪上獨自玩耍，沒有人管束，但玩著玩著不由得感覺「孤單寂寞冷」……終於有人來了，於是千方百計地想要把對方留下來，因為內心太渴望有歸屬感了。

在此種環境中長大的人，通常不介意為團體跑跑腿，被開開玩笑什麼的也不會生氣，只要能快樂地融入團體，就可以忽略這些不太被尊重的「小細節」，很樂意默默擔任起付出的角色，因為被需要就能有歸屬感。

這樣的人通常會很害怕麻煩到別人，所以他們的在意會表現在「嚴以律己，寬以待人」上。他們深怕成為團體中壞了一鍋粥的老鼠屎，所以會嚴格地要求自己做好分內事，但此時若還有人針對他們給意見的話，他們就會很擔心別人不滿意，開始反覆對自己進行反省。

若是別人沒有負起責任，因為害怕衝突，他們就只能暗自抱怨，沒有辦法就事論事地敞開來談。表面看起來就是寬以待人，實際上是因為在意對方的眼光和反應、怕被討厭，所以不敢表現出來。

在這類家庭中成長的人，所有其他成員可能都各自忙自己的事，他們所體會到的就是：我沒有比其他的事物重要。因此，當別人爽約，很習慣地接受，但若自己有事改約讓別人不高興時，會感到非常內疚，此時又開始在意起別人的眼光，需要較多的時間才能釋懷。

沒有陪伴的家庭（Neglectful or uninvolved parental family）以主要照顧者的不同樣貌大致可分成兩種：

一、放置孩子獨處的教養

茉莉（20歲）在沒有陪伴的家庭成長，時常都是一個人在家，小時候她會不斷討好父母親，父母偶爾會願意帶著她出門，於是她以為討好別人才會被接納。

她在大學時，非常希望可以融入朋友圈，所以對人都很慷慨，時常送朋友禮物。結果同寢室的朋友越來越不尊重她，不說一聲就任意使用她的東西。茉莉開始時不以為意，室友卻越來越沒有界線，想借她心愛的項鍊來戴，茉莉心裡很掙扎，稍微表現出為難的樣子，室友竟開始造謠、破壞她的名譽！這讓茉莉百思不解，一直反覆在想為什麼會這樣，她到底得罪對方什麼？

諮商後，茉莉才恍然明白，她之所以被排擠，是因為團體其他人出了問題，她不該一直責怪自己。過往成長的互動模式，建構出茉莉對待關係的習慣，因為沒有意識到原生家庭裡缺乏陪伴的問題，所以會以為討好配合才能得到朋友。

可是，當她的付出不被珍惜的時候，內心感到苦澀和委屈，累積久了，難免對關係感到絕望。大多數的人都不會拒絕在關係中付出的人，只有真正的好朋友會說「要對自己好一點」，所以茉莉不會察覺自己已經在關係裡處於不平衡的狀態。因此，設立界線的問題，就會是這類人的盲點。

二、情感忽視的教養

成為父母的人一定會想延續原生家庭裡好的互動方式，且努力避免壞的互動模式在自己的小家庭裡再次發生，可惜有時矯枉過正，這樣的盲點很不容易察覺。

黛安娜（55歲）的母親有焦慮症，對黛安娜的教養總是用嚴格、叨念和緊迫盯人的方式。

當黛安娜成為母親之後，她非常不想複製自己母親的行為，不願讓自己的關心變成女兒的壓力。因此她盡量抽身不管女兒，黛安娜和我說：「我給該給的就好，其他就讓女兒自由發展。」

戴安娜非常重視女兒心智情緒上的自由，因為以她自己的成長經驗來說，母親的情感表達就是過度干預、情感勒索，所以她害怕自己會造成孩子情緒上的困擾，努力減少自己在情感上的回應和流露，儘量避免去關注孩子的情緒。

在女兒不了解的情況下，她只看到媽媽的非語言訊息——不想接近她、不想關心她，這讓她感到不被在乎、被忽略，覺得自己不重要。當遇到挫折時，青少年的女兒變得沒有自信，每件事都太在意別人的眼光，甚至因外貌焦慮而開始厭食。

很多媽媽只要了解到孩子的心結之後，通常都非常願意回應孩子的需求。於是黛安娜開始用心陪伴女兒，兩人時時情感交流，女兒的問題很快就改善了。

沒有陪伴孩子的主要照顧者，在親子關係裡有意或無意忽略冷淡的做法，讓孩子與父母的關係所抱持的期待充滿著不安失落，孩子未來與人建立親密關係時，也會產生既期待又害怕受傷的心態。此種孩子對歸屬和接納的渴望，讓他們很懂得察言觀色，也會積極地服務別人，成為了團體中最貼心也最委屈的那個角色；或者擔心親近別人會遭到相同的對待，成為了假裝冷漠的人。所以做父母的一定要好好學習如何對待孩子，才不會讓他們未來愛得很扭曲。

4・悲情的家庭

每次遇到悲情家庭的來談者，都會有很揪心且感動的時刻。就好像喝了一杯苦酸苦酸的咖啡，品嘗到悲情家庭的辛苦，但是再多喝兩、三口，又可以感受到層次的變化，初入口的苦澀，帶出後期的香醇，酸甜的滋味慢慢從舌頭末端擴散出來。

這裡我提到悲情的家庭，是指當家庭遭遇不幸，孩子可以很敏感地察覺到照顧者的狀態不好，而成為了親職化小孩。什麼是親職化小孩呢？就是在安全需求、情感照顧、生活物質不被滿足的成長之下，內心沒有安全的堡壘，以為只要爸爸媽媽的生活好轉，自己就可以安全了。

於是孩子反過來照顧父母親的情緒，眼光從自己的需求轉移到了父母親身上，而不自覺地忽略了自己的需要，忘了自己的感受，很努力地希望讓父母高興，像這樣的人當然會特別在意父母親的眼光。

悲情的家庭（Families with financial challenges or hardships）大致可分成兩種主要照顧者的樣貌：

一、家境窮困匱乏的撫育

當家庭遭遇財務上的危難，失去維繫支出的工作或遭遇經濟蕭條的狀況，導致家庭財務上的困境，此時父母的無助和無力就會讓孩子感受到他們的脆弱。就算孩子幫不上什麼忙，但是，孩子內心會與父母一同承擔這份苦楚。

有一位穿著打扮很中性的女孩羅亞（32歲）告訴我，一直以來她都很中性，應該是為了要保護家人。因為爸爸做保人又生意失敗之後，常有債主上門討債，爸爸媽媽都是辛勤工作的老實人，卻要面對別人的羞辱和冷言冷語。

她是家裡的老大，夜晚發現媽媽在哭，因為付不出妹妹的學費，當時媽媽的眼淚就流進了她的心裡。她內心非常難過，只希望媽媽不要那麼辛苦，一有打工機會就賺錢給媽媽，出社會之後也很努力工作，平常飲食或裝扮都不要求，她最害怕看到媽媽為錢擔心，也最在意媽媽的眼光。她常說：「媽媽開心，我就開心。」

現在，負債已經償還，父母越活越開心了，羅亞也可以逐漸釋懷，於是我鼓勵羅亞要開始為自己的未來想想。

悲情家庭的孩子表面上看起來好像是媽寶，其實深入談話之後，就會發現他們是很有想法的，他們對媽媽的溫順是一種體諒和照顧，只是太過專注、重視媽媽的眼光，時常忽略了自己。

這樣家庭的孩子長大成家以後，若還一直將原生家庭的需求放置首位，就會沒有意識到忽略了自己小家庭的成員，其中含括自己的伴侶和孩子的感受，長久下來很容易造成自己小家庭的失和。

悲情的上一代會不會影響第三代呢？我的答案是：「會的」。比起家庭的窮困，更悲傷的是家庭裡的情感創傷。

二、情感創傷的悲情撫育

情感創傷的悲情家庭，所造成第三代的影響，就好像冰滴式咖啡一樣，藉由冰水一滴一滴滴入咖啡粉中來萃取一整杯咖啡。你體會到的上一代的悲苦，也一滴滴地滴入你的孩子心裡，這個過程十分緩慢，滴入你孩子心裡的苦，也就成為了他的苦。

活潑俏麗的愛薇（17歲）覺得壓力好大，她覺得好累好累，因為生活中每一件事情她都需要做到最好。她雖然覺得活得很辛苦，但是愛薇提到媽媽時更是情緒崩潰：「我覺得媽媽更需要諮商，媽媽好辛苦，我很擔心媽媽的健康。這就是我最大的壓力。」

萊絲莉（56歲）聽到愛薇的心聲，感到非常意外和難過地問我：「是不是媽媽都是孩子的牽掛？」

原來萊絲莉的父母都在鄉村務農，她的母親有一雙厚實長繭的手，從小以來未曾看到母親坐下來休息一會兒，無時無刻不在為小孩們操勞。萊絲莉看著母親已經做了這麼多，但是在外面放縱情慾的父親，居然還帶女人回家，當著小三的面打了媽媽。萊絲莉感受到母親撕心裂肺的悲痛，在心裡默默許下承諾，一定要為母親反擊人生。於是，母親成為萊絲莉努力奮鬥的動力。

萊絲莉覺得自己的婚姻沒有比媽媽好多少，以前看著媽媽孤獨的背影，現在她好像更能體會了。當她拖著疲憊的身心下班回到家，老公不會問候她、關心她，她一個人要堅強面對所有生活中的挑戰。萊絲莉沒有誰可以指望，唯一給萊絲莉活著的力量就是愛薇，她期盼愛薇成為人中之鳳，只有她過上好的生活，一切的苦才總算有了代價。

萊絲莉越希望女兒成功，就對愛薇更嚴厲地要求，把這些刻苦當成掌握未來成功的希望。但是愛薇受不了了，媽媽才意識到她苦、孩子也苦，她太缺乏對孩子給予溫柔的體諒了。萊絲莉需要先好好愛自己、照顧自己，放慢生活節奏，才能自然流露出對孩子的體諒。上一代的苦可以在萊絲莉這代終結，下一代就能從萊絲莉身上體會到平衡健康的生活。

在悲情的家庭，看到了父母的委屈和受到的羞辱，孩子將會產生替代性創傷[5]。所以身為父母，勢必要在自己這一代得到復原，不然下一代會因父母的創傷，成為時時為爸媽憂心的孩子。

悲情家庭裡在意別人眼光的原因，除了在意父母親的感受之外，也是為了自我保護，所以對他人評價變得敏感，希望不會被其他人傷害，努力地向他人證明自己的能力，認為只有自己變得強大，才能保護家人和自己。

若是你在這類型家庭裡成長，你會總是感到不甘心，想要雪恥，而別人的眼光會成為你人生翻盤的趨力，或是迫使自己非要功成名就不可。但是要請你留意，這是否會落入「報復式成功」[6]的陷阱？因為你雖然達到了目標，但會在忽視自己其他需求的情況下，內心感到莫名的空虛和失落。因此你需要傾聽內心真實的渴望，調整一下努力的動機和緊繃的心情，才能好好地生活下去。

5　替代性創傷：雖然並沒有親身經歷災難或強烈的悲傷事件，也非受難者或當事人，但透過聆聽事件經過、觀看事件相關畫面、陪伴受難者、當事人或其親友，因產生高度的同理心，使自己的情緒受到影響，彷彿感到身歷其境一般，經驗到自己本來不會出現的創傷反應。

6　報復式成功：是指一個人遭受敵人的貶低之後，努力奮鬥來證明自己可以成功，成功的動機是為了藉由打敗某個敵人，使敵人對所作所為感到羞愧或羞恥。

5．轉換主要照顧者的家庭

轉換主要照顧者的家庭（Grandparents as primary caregivers）會有許多不同的情況，我所講的情況比較單純，是指原本由祖父母（爺爺奶奶或外公外婆）照顧，後來父母為了讓孩子適應入校生活，於是提早在上小學前接孩子回到自己的家，因此轉換了主要照顧者。

在祖父母家裡長大期間，孩子通常是很無憂無慮的，祖父母的耐心和疼愛，與回到父母家、開始上學的生活有很大的差別。孩子與有安全依附關係[7]的照顧者分離，心理上經歷了失落悲傷和無法反抗的無力感。

分離焦慮

蕾貝卡（26歲）回憶五歲的她，每次要與爺爺奶奶分離時，都是爸爸又抓又抱，她則是盡其所能地又躲又逃，儘管自己使盡全力地大哭大鬧，都還是硬生生地被逮回來，讓蕾貝卡感到無力、羞愧又憤恨。她沒有動力讀書學習，常常都是垂頭喪氣的。失去有安全感可信賴的對象，讓蕾貝卡很不容易相信別人。

所以當男朋友提出分手時，蕾貝卡完全難以承受。男朋友根本是她的全世界，她多麼重視男友的眼光啊！於是兩人上演無數次剪不斷理還亂、痛苦糾纏的戲碼。其實，到後來她自己也感到非常懊惱，不理解關係已經走到無法挽救的地步，為何自己放不了手。

在轉換主要照顧者家庭成長的人，會為了安全的依附關係和失落被拋棄的羞愧情緒，而特別在意別人的眼光。**雖然面對分離都是悲傷的，但若沒有在幼童時期有這樣焦慮的關係經驗，就可能因為內在的安全感，而不至於這麼感**

7 安全依附關係：依附理論是由精神病學家和精神分析學家約翰·鮑比提出。發展心理學家瑪麗·安斯沃在「陌生情境」的實驗裡，從十二到十八個月大的嬰兒與媽媽相處時，有陌生人介入，然後母親離開環境後再回來。觀察嬰兒對母親所表現出的依附行為，其中安全依附關係就是指孩子不會與母親分開而產生過度的不舒服，情緒相對來說比較穩定，在關係中能感到安全。

脅到自身的存在安全感。

所以蕾貝卡後來體悟到，原來小時候那種分離的情緒一旦被喚起，會陷入「分離等同於整個人生破裂」的絕望，她才會如此執著。她意識到只有先修復好童年時的傷痛，才能在下一段感情裡，不再這麼焦慮分離而處處在意男友的眼光，她也理解，唯有如此，才能建立尊重自在的伴侶關係。

滿足他人期待

此外，這類家庭成長者在意別人眼光的另一個癥結點，就是只有滿足他人期待時，才會有安全感。

想想，小孩要上小學才接回父母家，不僅開始要過有紀律的生活，而且父母也會關注孩子的學習。相對來說，父母管教的角色會使孩子不易與父母建立安全的依附關係。所以孩子時常在孤獨害怕的情況下，又要面對學校這個新環境，往往會發生適應上的困難。

這樣的孩子通常都如何度過適應期的焦慮感呢？基於對安全感的渴望，孩子很自然地趨向討好父母、順從父母的教養，所以特別會在意父母對自己的期待。因此，一旦達到父母的期待，就能感到安全，焦慮就會下降。

溫蒂（34歲）來找我的時候，深受焦慮症所苦，主要就是因為工作時很在意主管的眼光，也擔心自己沒有做到父母和社會的期待。

無法和主管溝通想法讓她非常困擾，因為她害怕面對主管。即使在心理諮商的安全環境，和我談話一開始也是支支吾吾的。

溫蒂從一歲就和外公外婆住，直到幼稚園中班才被父母接回家，回家後與父母的關係是建立在功課表現上，沒有好成績就會被責備。在學校也是相同的經驗，老師們只看成績表現。於是將安全感建立在達到別人的期待上，這樣的想法已經深入到溫蒂的血液裡了。

所以每當需要和朋友、同事、長官溝通的時候，只要覺得沒能達到對方期待，就感到很害怕，說不出口。似乎要照著別人的眼光而活，才會有安全感。

在臨床的觀察下，我發現在這樣家庭類型長大的人，和父母、師長或主管溝通意見的時候，大部分會比其他人更害怕，好像與生存安全感有所連結的恐懼。**很多時候大家只看到表面的現象，認為在意別人的眼光在所難免，不覺**

得有何潛在的嚴重性，沒察覺到背後有個更重要的問題：就是安全感！這是一個人的基本需求，因此要這類人不在意別人的眼光去做自己，真的是比其他人還不容易。這個癥結點不是一望而知的，可能需要一點時間消化，如果這類人在面對溝通挑戰時，周圍朋友能夠了解該如何陪伴支持，那將會有更好的改變！

屬於我的家庭類型

你已經閱讀以上五種典型的家庭類型，那麼，該是時候想想專屬自己的家庭類型了。（你也可以聽取詳細的語音說明，請掃QRcode，它將有助於你完成209頁的「情緒行動策略的成長處方箋」。）

每個類型都有相對應的英文說明，我取每個類型的代表性字母，來代表這個類型：

- 高壓威脅自主的家庭（High pressure parental family），以P為代號。

- 高焦慮（焦急、叨念、負向思考）的家庭（Anxious parental family），以A為代號。
- 沒有陪伴的家庭（Neglectful or uninvolved parental family），以N為代號。
- 悲情的家庭（Families with financial challenges or hardships），以H為代號。
- 轉換主要照顧者的家庭（Grandparents as primary caregivers），以G為代號。

我以圖示運用伊芙琳．杜瓦爾（Evelyn Duvall）於一九六二年所提出的「家庭生命週期的各階段」為一架構，你可以將自己的原生家庭，在各階段所處的類型標示出來（最後面會有範例參考）。接著，你將在下一章了解到因為這些家庭類型，會如何造成你的核心負向情緒。

以範例來說明，在家庭生命週期圖表上，家庭中的嬰幼兒時期，你在奶奶家住。到了學齡前兒童期時，你回到了父母的家庭，於是這個階段就是轉換主要照顧者家庭（G）。家庭在學齡兒童期階段時，你感受到媽媽是高焦慮的，時常催你和叨念你，這個階段就是處於高焦慮（焦急、叨念、負向思考）的家庭（A）。後來你上國中之後，家庭在青少年期階段，媽媽回職場上班了，因此你變成鑰匙少年，自己吃完晚餐、寫完功課後，有時等到睡前才會見到父母，大部分的時間是在沒有陪伴的情況下直到現在，此時為沒有陪伴的家庭（N）。最後我們組合英文字母，那麼屬於你的家庭類型就是：GAN。

父母的互動態度可能會在你成長的階段裡是重疊的，例如：你分別從爸爸身上感受到高壓威脅自主的家庭，而從媽媽身上感受到高焦慮（焦急、叨念、負向思考）的家庭影響，那麼就請依感受較為強烈的類型為優先。

雖然是在同一個家庭裡的手足，也可能寫出不同的家庭類型，這是因為年齡的差距和父母對待方式的不同所造成的差別。因此，「屬於我的家庭類型」才會如此獨特，而這也是造成你在意別人眼光的情緒反應與其他人有所不同的原因。

現在來看看屬於你的家庭類型會是什麼？

屬於我的家庭類型

家庭生命週期

範例：

家庭生涯階段

建立期	擴展期				衰退期	
父母新婚	家有嬰幼兒（出生到 2 歲半）	學齡前兒童期（2 歲半到 6 歲）	學齡兒童期（6 歲到 12 歲）	青少年期（12 歲到 20 歲）	子女離家	父母空巢到退休

家庭類型：我在奶奶家／轉換主要照顧者家庭／高焦慮家庭／沒有陪伴的家庭

屬於我的家庭類型：G／A／N
（以英文代號標示）

家庭生命週期

屬於我的：

家庭生涯階段

建立期	擴展期				衰退期	
父母新婚	家有嬰幼兒（出生到 2 歲半）	學齡前兒童期（2 歲半到 6 歲）	學齡兒童期（6 歲到 12 歲）	青少年期（12 歲到 20 歲）	子女離家	父母空巢到退休

家庭類型：＿＿＿＿＿＿＿＿

屬於我的家庭類型：＿＿＿＿＿＿＿＿

當你找到「屬於我的家庭類型」之後，你可以對應第六章的內容，其中我提出多年諮商輔導的專業觀察，那些會影響我們在意別人眼光的主要情緒，你可以看看自己是否內心有這樣的核心情緒。每個人都是上天用心的藝術品，生來獨一無二，因此在有限的書籍內容裡，我所描述的案例情形，即使再詳細，或許也無法完全符合你的狀況，但是本書的目的是衷心期盼你可以增進對自我的了解，我所提的情緒行動策略也希望能提供有效的成長方向，這就是我認為最有意義的事了。

CHAPTER 6

從焦慮的關係裡覺醒

勇敢走上高空蔓藤路

太在意別人的眼光就這樣發生了，我們長時間為此所苦。

現在我們不只知道它從哪裡來，也該思考自己要何去何從？

我們可以先選擇從自己的成長開始。並不是家庭無法改變或父母不需要成長，我在親子和家庭諮商的工作裡發現，父母若願意先改變的話，家庭就能有正向的轉變，孩子能夠成長得更快更好。

但畢竟改變別人是件不容易的事，所以最好先改變自己，掌握好自己的人生。我相信正閱讀這本書的你，渴望自己可以成為一個不總是向外尋求肯定、而能夠建立內在信心的人。你不想再因別人的眼光，使自己的情緒上下波動，也不想再因他人眼光來干擾你對工作、課業、家庭的想法和行動。因此，先回到關注自己的成長上，對你來說就是最有效的事情。

家庭是孕育我們的地方，雖然前面提出了家庭裡負面的互動經驗，但請記得家庭也具備溫馨、鼓勵和其他功能。形成家庭的樣貌有許多因素，複雜的程度包括當時的時代背景、環境和三代之間的關聯性，甚至糾結的手足關係等等。

原生家庭的發展會遇到不同的困難，我們就是在其中一同經歷困難的人。然而很多環節其實我們不見得清楚了解，以至常常無法拼湊出完整且正確的回憶。

既然如此，那麼我想邀請你，或許我們可以抱持虔敬和溫柔和諧的心來面對原生家庭。當你也認同這個看法時，我相信你的心將和我的一樣安和平靜。

由於你長期受到他人眼光的困擾，可能已經創造出一些應對的方式。這些方式不一定是健康的，因為你真的不知如何解決這個問題。你一直在壓抑和忍受，直到某些事件觸發你意識到，這些早已不適用的方法需要被放下。因此，你需要下定決心，尋找真正健康的應對方式。

然而改變習慣並不太容易，就像你參與「高空蔓藤路」體驗活動一樣，你的腳踩著鋼纜，手抓著一條條棉繩，一步步向前走，當面對身體的限制時，你必須放開上一條緊握的棉繩（安全感），才能握住下一條棉繩，也才能過關進入下一階段。「我一定要做到！我一定要做到！」這是通過高空蔓藤路的秘訣。眼睛專注看著下一條棉繩，有決心就能成功。

負面體驗與錯誤的應對

所謂「體驗帶來改變」，你還未體驗到新的方法所帶來的好處，潛意識可能還是會有所顧慮，感到不安。但是對過去面對問題的方法肯定很熟悉，所以我們一起來回顧一下焦慮的關係經驗是如何影響你？你是否在他（她）身上遇過以下的情況，或產生這些想法：

- 我要順他的意，免得更不好過。
- 現在照著他說的去做，待會我就能夠做我想做的。
- 他都是對的，我是錯的。他的想法一直以來都比較好。
- 如果我不聽他的，他就會生氣、開始冷戰。
- 我不喜歡做這件事，但是我會壓抑情緒、逼自己做到。

- 他總是盯著我，直到我把事情做完。
- 他會很焦慮地在家裡等著我放學回家，一見到我就提出要求。
- 他總是緊跟著在房門外，敲門提醒我無數的事情。
- 他總是想批評什麼就說什麼，絲毫不顧及我的顏面和感受。
- 他會用打頭、打巴掌或其他攻擊來喝斥我，我只能聽他的。
- 他時常遇到事情就緊張兮兮、小題大作。
- 他無法聽我的心聲，會找理由反過來怪我。
- 他根本就忘了我現在幾歲、幾年級了。
- 他只熱心於自己的工作和社交，不太願意陪伴我。
- 他和我沒有情感交流，不了解我是誰。
- 他很嚴苛對待自己並嚴厲地要求我。
- 我非常難指出他人對待我的錯誤方式或質疑他人的做法。
- 我總是能了解每個人對我的期望，這讓我心裡很沉重。

這是我經常從來談者那裡聽到的煩惱，有哪些也是你心裡的話？你可以勾選出來，或是增添這裡沒列出來卻讓你相當困擾的想法。

然後想想，當你心裡出現這些想法時，你會有什麼感受？請從下列情緒圈選出來（或增加未列出的情緒感受）：

難過　勉強　委屈　羞愧　沮喪　失望　緊張　不安焦躁　害怕　驚恐

生氣　孤獨寂寞　無依靠　空虛　被拒絕　被嫌棄　被忽略　被利用

被排擠

當你有這樣的情緒時，通常都如何面對呢？請從下列圈選：

- 逃避自我真實感受
- 麻木、不體會任何情感
- 在網路世界裡幻想
- 退縮忍讓、委屈求全
- 自我懷疑
- 苛刻地責備自己
- 自我否定批判

- 和周圍的人比較
- 壓抑憤怒、避免溝通
- 內心矛盾抵抗
- 不自覺地忽視自我需要
- 討好迎合他人
- 合理化不合理的對待（過分體諒他人）
- 努力符合他人期待
- 先隱忍後，藉由不相干的事情報復他人，讓對方察覺不到，暗地裡反擊
- 衝動爭執

現在請你靜下心來想一想，當你用以上圈選出來的方式時，事情真的可以圓滿解決嗎？

哪一種不安更值得？

通常這些方式都無法真正解決問題，你仍會受到事情或關係的困擾，因

為這些方式無法讓你針對自己的立場好好地說明，進而擁有雙贏的機會。

主要的原因，要回到你面對「情緒」的態度。這些情緒都是負向的，有些人擺脫不了而沉溺其中，就只好採取以上圈選的方式，結果無法了解情緒的正向意義，而錯失面對真實自己的好機會。

其實，每一個負向情緒都有其正向意義：「難過」讓你知道其實你不喜歡被這樣的方式對待；「羞愧」讓你知道別人沒有尊重你；「緊張」讓你知道別人用審視和評判的眼光看待你；「空虛」讓你知道相處的方式，你體會不到愛和關心。負向感受能讓人體會到內心深處的正向期待，期待「被尊重」、「被真實地了解和接納」、「被愛和關心」……

當你長久無法認真看待自己的情緒，也沒能好好表達自己的感受，會漸漸處於一種不誠懇的存在，也就是明明不開心、有心事，卻壓抑著情緒一天天過生活，成為一種不踏實的心理狀態，內心難免隱隱約約地感到焦慮不安。我在剛入社會進到職場時，自我覺察很差，有一段時間為了迎合主管的期待，壓抑或刻意忽略心裡的感受，因此總像行屍走肉般不安地活著。我很能同理你的不安焦慮，你正在用不適合你的方式活著，而且內心的不踏實將影響你的自信。

如果我們對此感到深切的痛苦，那麼緊抓著這種不安，和放手冒險去追尋充滿不確定和風險的未來相比，你認為哪一種不安更值得承受？

我也曾問過自己這個問題，現在換你來回答了。

當你意識到什麼才對你真正有益時，我相信你就有力量，生出面對不安的勇氣，放開舊有的方式，奮力地抓住下一條棉繩，展開你人生的新頁。

若你是體驗者，我就是確保者，我會在你身旁鼓勵你，相信你可以做得到。書中提供的方法我都曾親自體驗，不只對我有過許多幫助，也幫助到許多其他的人，所以我現在要與你分享，你可以安心地體驗。

我會循序漸進地分享給你新的面對方法。在閱讀時，請你在內心不斷給予自己鼓勵，告訴自己：「我一定要做到！我一定要做到！」

站在制高點看全局——

給高壓威脅自主的家庭中成長的你

數萬次的強勢互動之下，「勉強」是你最討厭、生氣的事；覺得害怕無法保護自己，這造成你極大的焦慮。當你的自主性被強制時，自然會感到很無力和無能，你需要認識這些情緒，並且找到因應的方法。當你感到處處受到強勢的限制，使你喪失成為自我的可能時，你會對壓制你的人感到非常生氣，甚至覺得環境對你好像有惡意一樣。其實，你的人生可以像繽紛色彩的花園，當敵意的感受化解，喜悅將如春天來臨，在你的生命裡開出一朵朵燦爛的花。

以下我提供幾項有效的情緒行動策略：

別接受勉強的感受，想想自己要什麼

勉強的經驗會讓人更渴望尊重和自由自在。在華人社會裡，你的周圍總有人會給你一些自己的建議，若是「很」關心你，就會讓你覺得有被強迫的感覺，好像被暗示要照別人的想法去做些什麼。於是，可能你會更嚮往獨立自主的外地生活。

但是你成長在華人社會，需要適應其中人情世故的文化，若是你不想得到太多的「關心」（說教），那麼你要分享正向的消息，請大家為你祝福就好。記得當我結婚快十年還生不出孩子的時候，開始收到周圍許多人的關心，讓我不勝其擾，就跟媽媽吐苦水，媽媽果然很有智慧，提供給我一個好辦法，「你就說：『快了！快了！』這樣回答就好。」

「快了！快了！」沒有時間點也不代表我不生，這樣簡要的回覆，讓我感到輕鬆愉快，帶來很好的效果。

這樣的方法也很符合心理諮商，所以我也常在諮商裡與來談者討論各種適合他們的情境、中性且正向的表達方式，例如：「我無法預測未來，但我更享受當下的幸福。」讓他們能夠適應華人社會裡的「關心」，而不是感到很有壓力。

因為高壓威脅自主的焦慮關係經驗，你對於被人勉強很排斥反感，但是在社交關係裡，請縮小他人帶給你「勉強」的壓力感受，而放大他們好意的初心，然後有技巧地回應，保持適當的心理距離。

有時候，你正面臨很大的挑戰，可能只有你自己才能應付，你可以決定什麼都不說，這樣就無須承擔額外的壓力。但在此時，我想給你溫馨的提醒：若是很大的困難，你會需要陪伴和幫助，需要有人與你一同解決目前的問題。害怕被勉強的人往往有個盲點，就是會極端地往相反的方向發展，也就是過於獨立，以至於內在壓力大到難以承受也還是硬撐下去，長久下來，對身心會有巨大傷害。

若是你遇到「勉強別人」的那種人，尤其是用威脅的口氣說話，或是強行安排所有事情、自以為對別人好的人，會很容易就觸動你憤怒的腦神經，無論他們給你什麼意見，內在直覺的抗拒，容易變成為反對而反對。你當然大可不必理會他，也可以不交這個朋友。重點是，雖然你討厭強勢的人，但是他們的想法有時仍值得參考，千萬別忘了最後的決定權還是在你手裡。

因此，你需要清楚知道自己想要什麼，平時多問問自己：如果我遇到＿＿＿的狀況，我怎麼想？我真正在意的是什麼？我的原則是什麼？

當你平時就練習思考許多的狀況題時，你會對自己有更多認識，也能夠平靜地聽完別人的想法，然後沉穩地回應對方：「謝謝你的提議，再讓我想想。」或是「你的意見我收到了。我會通盤考慮整體的情況，做最好的安排。謝謝你。」

讓我們可以平心靜氣地回應對方的關鍵，是自己有了足夠的存在感。你知道你要什麼，你不容易受人擺佈，你也關心自己的最佳利益，就好像站在制高點上，俯視山下的風景，越是了解全局面貌，越能夠掌握資訊，做出最好的決定。主控權是在你的手中，你會感覺自己不是卑微的，而是頂天立地的存在。

在家庭之外，出社會更常會遇到給予「高壓威脅」感覺的人，例如：老闆、主管，你通常都和他們怎麼互動呢？

職場環境是比較特殊的地方，因為身為員工是要將工作做好，使公司營運能夠順利。倘若你的主管不是強勢型的，你也很可能會在其他事情感覺被勉強，就像業務期限deadline、加班文化等等，大部分的人會與主管保持距離，或者盡力做到他的期待，讓自己免於被盯上或責備的機會，結果可能造成過勞的狀況。

因此設立原則和明確表達就很重要，當然必須是合理實際的評估。如果你向來努力工作，分得清輕重緩急、先後順序，而實際進行時發現某些原因造成計畫不得不延後的話，就可以誠實向主管說明，心中坦蕩，自然不必害怕，任何人都可能遇到這樣的情況，不是你能力不佳。

再說，你有時的擔心是多餘的，很多時候負向預期不一定會發生。有位高壓威脅自主的家庭中成長的來談者，在職場設立的原則就是工作做完就下班，以前他一直不敢先離開辦公室，但是當他這麼做之後，大半壓力都不見了，他高興地告訴我：「原來我可以先離開，沒有人會對我怎麼樣。」

讓成就感轉換無能感

在高壓家庭長大的人遇到被剝奪自主權的情況時，這種無能感往往會引發憂鬱情緒，使人想要變成躺平族。然而，他們內心深處仍渴望恢復活力，並希望能找到具有成就感的事物來做。

此時，探索職涯發展顯得尤為重要。對興趣和能力進行清晰的評估，並合理規劃未來的職業方向，能幫助自己重獲信心。如果已經進入職場，也應該深入認識自己，並在目前的工作中尋找能發揮自身能力的地方，以提升成就感。我長期與青少年諮商，在此想分享有關青少年恢復自主感和成就感常遇到的一些問題。

大部分的青少年想要打工賺錢，是因為賺到「自己的」錢，可以支配財務、掌握生活，而能以此建立成就感。有時父母懷疑憂鬱的孩子怎麼突然從對生活毫無熱情到熱中打工？難免會擔心孩子做不來。

其實，這是孩子想要突破內在無力感的一個正面信號。如果不做出改變，孩子擔心自己的無能感會持續下去。當然，如果在情緒和人際互動方面能得到陪伴和支持，孩子會更容易適應工作環境。

我發現，只有當孩子進入社會、學會自立，並靠自己努力賺到錢時，內心的無能感才得以彌補。這樣的過程不僅使他們接觸到更廣泛的社會，也增廣了見識。對於青少年而言，能夠賺到自己的錢代表著獨立自主的開始。

然而，在高壓家庭中，父母對於零用錢的掌控可能會引發新的衝突。過去，父母決定零用錢的用途和數量，當孩子可以用自己的錢，可能會出現物慾過多的情形，父母往往難以忍受孩子的消費行為。

此時，父母需要學習的是如何教會孩子理財，而不是一味地限制。孩子對金錢的使用仍在摸索之中，因此親子間需要經歷溝通和協調的過程，以引導孩子學習如何為自己的選擇負責。

總而言之，我並不是鼓勵大家多賺錢以獲得安全感，而是想從高壓家庭中自主感受的心理狀態出發，探討穩定的工作如何幫助他們重建信心，並減少對他人眼光的在意。找到合適的工作，實際上是一個幫助他們走出困境、恢復自我價值的重要途徑。

化解敵意的感受，建立人我界線

成長的經驗讓你認為「別人」好像可以隨意侵犯你的隱私空間和想法，你痛恨不被尊重，卻又屈就於高壓威脅之下，內心產生矛盾和自我懷疑，對人和環境感到不安，因此隨時充滿了戒備。

這就好像你住在海邊，觀看海與地總有一條界線，它們彼此尊重著自己的地盤，但是有一天海嘯來了，越過了土地設立的界線，打破了原則，鋪天蓋地的海嘯席捲了城鎮，使城鎮變得滿目瘡痍。這樣的經歷讓你對海感到恐懼，後來只要看到海稍稍越界多一點，就覺得海嘯要來了。所以，你一直在擔心害怕裡，最後決定搬往內陸，離海越遠越讓你感到安全。

在成長過程中，經歷過高壓的環境，可能讓你對自主權有強烈的渴望。這種背景會使得人在面對人際關係時，特別敏感於任何可能剝奪自主的因素。即使是正向的期望，例如伴侶希望你能夠更積極地參與某項活動，也可能被解讀為一種壓力。這是因為感受到自己必須滿足對方的需求，從而影響了你的自主感。

在原本健康的關係中，這種期望可能最初並不會造成問題，但隨著時間推移，如果期望過高或頻繁，可能會引發不安或焦慮，因為在高壓環境成長的人可能會開始懷疑自己在關係中的地位，以及是否能夠保持自己的獨立性。於是漸漸地從這關係裡退出，以獲得更大的自由空間。

其實，你正陷於安全感的問題，而此時需要做的就是：

- 重建安全界線，承諾自己不要再受成長時威脅自主的恐懼影響。
- 有了安全界線，請將安全感視為警示鈴。當警示鈴響起時，表示你的安全感受到威脅，這時你需要意識到發生了什麼事情？你又如何看待這件事？
- 受到威脅時，請別被如海嘯般的不安淹沒，而是先靜下來，問問對方是怎麼想的？

問對方時，我們也許會出現一個問題，就是常常會被過去的負面回憶所影響，這可能讓我們感到焦慮，擔心對方的意圖，甚至懷疑對方是否想要控制你。為了克服這種恐懼，以下是一些建議，可以從小行動開始，分為「怎麼說」和「如何做」兩方面：

先談談怎麼說，過去遇到別人強勢的時候，你會發生「凍結」狀態。所有人對危險形成的生理反應，大概有戰、逃或凍結這三種狀態，而這類家庭長大的你在別人強勢時，當下是無法回嘴又無法離開，只能凍結在默默忍受、張口結舌的狀態。你想說的話都梗在喉嚨裡，說不出來。

因此，讓我們來練習真摯地說出自己的想法和需要。當然這個練習不是一下就可以達成，想要克服心中的恐懼，最好的方法就是預演練習，將之前發生過的一些不舒服的情景寫下來，再想一想如果再次面對相似的情況，自己該如何巧妙地回應。或許可以說：「這個時間我不行」、「我想提出一個我認為有效的方法」……當你有了心理準備，再面臨類似的情境時，就比較能夠順暢地表達了。

如果你已經習慣順從別人才能有安全感的時候，順從別人的要求和自身的安全生存就有了密不可分的連結。因此，現在當你要提出和別人不同的意見時，自然很容易感到不安，好像會威脅到生命一樣。儘管在之前你已經練習過很多遍，也做了全面的考慮，但是要提出異議時，心裡就是會出現不安感，會認為不妥。

沒關係，出現這種感受和想法，其實是很正常的。但不代表要走回頭路，又回到從前為了消除不安，而依照別人想法去做的模式。

你要先認知自己不能再用以前的方式，因為現在的你，已經不是當年那個為了求生存而妥協的小孩，你現在是個有能力，可以為自己行為負責的成人了。

當你想要打破在關係裡屈就的狀態時，可以先有意識地放慢，不要急著給出反應，先去思考自己到底需要的是什麼，嘗試去表達。但通常在這時候你會感到不安，我建議你可以想想自己提出的正當動機，重複地告訴自己：「我提出的想法是合情理的，很okay！很okay！」

你需要有耐心與不安共處。這段時間會感到心慌，這時，將注意力放在調節呼吸上是個好方法。花大約十分鐘到三十分鐘的時間專注於呼吸，這樣不安感就會逐漸減少。當不安消散後，你將不再被它束縛，能夠更自由地做出自己真正想要的行動。這樣你才能慢慢活出想要成為的自己。

當受到別人的眼光困擾時，請讓你的心站在制高點，了解全局，將會更清楚該做的選擇。人際關係中的期望需要謹慎處理，保持開放地溝通，才能確保雙方都能感受到尊重和支持，而不是壓力和焦慮。如此一來，也能找到各自安心踏實的真我。

開啟一把劃定結界的傘為你擋風遮雨——給高焦慮（焦急、叨念、負向思考）家庭中成長的你

在家庭長期的壓力下，你可能比較容易緊張，甚至已經有焦慮的傾向了。平時心情無法放鬆，身體有些部位會感到僵硬，可能有時因為心慌，而無法專注地做事情，因為壓力，你放空滑手機的時間變得越來越多。時不時出現的煩躁感，容易感到心情難過或是生氣。你思緒很多，常會出現一些關於自我貶損的想法，並擔心很多未來的事情。

在生活中常常對自己有許多很高的期待，但是又因為害怕達不到心中的理想，以至於要承擔更多的挫折和負面情緒，所以行動力比以前下降，事情拖延久了，就乾脆不做了。可以想見，這樣的生活將會不斷循環下去，當你意識

到自己一事無成時，必然會感到更加的焦慮。

以下我提供幾項有效的情緒行動策略：

關閉焦慮接受器

人是會互相影響的個體。若常接收到從父母傳來的焦慮感，你自然比較容易焦慮。就像媽媽帶你去賣場，還沒進去便急著先囑咐你說：「不要逛喔！我們要趕快買好東西就走。」當下你可能就感到不耐煩了，焦慮感開始升高了，心裡忍不住責怪媽媽很煩人。

久而久之，在潛意識中與父母的關係裡，你會很想避開他們。因此在沒有人在家或夜晚全家都睡了之後，你才會感到有所喘息，和家人會越來越沒有交集，生活作息也會越來越日夜顛倒。

為了避免你的生活常規慢慢被不健康的生活方式所取代，我們需要正視焦慮的問題，好好地建立一個機制。

你需要關閉你的焦慮接受器，需要阻擋外界焦慮的刺激。我用一個比喻：請為自己打起一把遮擋焦慮襲擊的傘。這把傘具有一個神奇的魔法，就是可以產生刀槍不入的結界，讓你受到傘的保護，怎麼樣？這樣是不是很棒？開啟這把劃定結界的傘，你就可以在傘的保護下，隨時保持身體的放鬆與心情的安適，因為它能隔離你與外界的紛擾，使你的身心狀態穩定下來。

焦慮感會影響身體肌肉的緊繃和情緒的狀態，所以不妨先從有形的身體來放鬆自己。我們可以做正念引導的身體掃描，藉由覺察當下的身體狀態，如實地接納身體帶給你的感受，慢慢放鬆身體緊繃的部分，同時接納焦慮情緒。當你能接受身體負面感受並且和平共處時，就可以體會到心中的不安逐漸下降了。

附註是我錄製的「正念引導的身體掃描」音檔QRcode[8]，歡迎你來收聽。我在許多企業講座帶領員工現場進行「正念引導的身體掃描」，得到很好的迴響，大家都反映自己放鬆了下來，也注意到自己身體最緊繃和最放鬆的部位。平日可以時常放鬆較緊繃的部位，專注感受比較放鬆的部位，以此調節身體的

8 「正念引導的身體掃描」音檔，收錄至朴世光暖心全人諮商所所長主持的《懂心理，調出好關係》的Podcast節目，其中的「心靈元氣廚房」EP32集，歡迎你收聽身體掃描的指導語，引領你覺察自己身體的狀態，接納身體的緊繃與焦慮的心情，平心靜氣地與負面情緒共處，使我們放鬆身心，恢復內在能量。掃描下方的QR code，即可收聽。

狀態。

我會在員工感到最放鬆的情況之下，給予一個外界焦慮的刺激，比如由我扮演奧客抱怨公司服務等等，然後再次請大家專注呼吸和再次放鬆緊繃的部位。時常這樣反覆練習，身體就很容易放鬆，即使有焦慮的外界刺激，也能很快恢復身體的放鬆狀態。

我自己就是時常做這樣的練習，現在我的身體比以前放鬆很多，彷彿一把具有結界的傘保護著我。

你最佳的身體放鬆狀態是如何的呢？當你時常練習「正念引導的身體掃描」，不但可以維持心情穩定，身體還可以越來越懂得放輕鬆喔！

擺脫「應該」「比較」的框架

平時父母擔心你的焦急、叮嚀、叨念裡的內容，就是許多「應該」要做到的價值觀。於是，每一次不斷說服你的這些話語，就好像大大小小不同的木條一樣，將你的周圍釘出了一個框框，把你緊緊地框住了，讓你感到動彈不得無法喘息。

什麼是可以被認同的、有價值的呢？考上好大學、讀有前景的科系、找份好工作、能夠加薪升職、結婚生子、買車買房……這些成為「應該」的東西框住了你。

你必須做到這些條條框框，才能感到自信自在。你很容易在意別人的眼光，比如想到你有沒有做好哪些事？心想他們是如何評價你的？你容易不自覺地通過和同儕與親朋好友的比較，來定位自己？

「比較心」讓你陷入他人眼光的泥沼，吞噬著你，讓你倍感無力和沮喪。因為眼前一直有個完美框架擺在那裡，所以當自己比不上別人時，心裡會產生「羞愧感」，那是一種臉頰燒燒熱熱的感覺，讓你腦中一片空白，停留在遺憾、自責的狀態，甚至拖住你的腳，使你做事情變得很拖延。可怕的是，萬一比較心與羞愧感結合，你就會更加退縮，更難跨出去了。

要破除比較心和羞愧感的連結，就要先覺察自己受到「比較」眼光的影響，當下你覺察到比較的想法時，試著停止去貶低自己，反而要好奇地看著那些比較、指責的想法說：「喔，『比較』出現了，你今天又想責備我什麼呢？」站遠一點的心態觀望它，看看它今天會使出什麼把戲。不要對號入座，有距離地觀看那些控訴你的話，不要回應說：「對啊，我都做不好！」

出現了就接納它的存在，不要用盡力氣想消滅它，你早已知道無須比較，而現在是比較的想法會自動出現，同時又出現了羞愧的感受。

你可以選擇不去回應負面的想法和感受，而是將注意力集中在能給你成就感的事情上，例如拼拼圖、畫畫或完成擅長的工作。專注於這些活動，同時留意你所完成的部分，並對自己進行肯定，成就感會取代羞愧感。隨著練習的積累，它們最終會減少到不再干擾你的程度。

另外，就長遠的解決方法來看，要停止比較，很重要的就是發掘自己的能力和興趣，並且勇敢地跨出舒適圈，往適合自己的領域邁進，找到對自己的認同。在你感興趣的領域上有明確的目標並享受學習的過程，加上每天看到行動的成果，便會有熱忱地朝目標邁進，越來越有自信的你，就能越來越不在意別人的眼光。

雖然羞愧感往往較難消失，並且會反覆出現，但透過不斷的練習和成功經驗，你會發現羞愧感不再那麼可怕。這樣一來，你會變得更願意進行練習，直到有一天，你會發現自己對羞愧感免疫了。

在練習新的方法時，內心可能同時會有強烈的不安感，也請不要排拒不安的感受，不需要花時間消滅不安感，跑去做娛樂消遣的事，比如滑手機短影片、聽音樂、吃東西等等。你只需要允許不安感的存在，但仍然專注去做現在正要做的事就好了。試試這個方法，「不安感」就會像飄到你頭頂上的烏雲，慢慢地煙消雲散。

我們所做的這些練習，都是在學著與負面情緒共存，當你接納羞愧感與不安感的存在，耐住煩躁的狀態，將注意力放在你正想做到的事情上時，你的行動力才不會被情緒拖延。

最好可以先不去看社群動態，停止接收別人放在網路上看似光鮮亮眼的照片和訊息。多多練習將眼光放回自己身上，肯定自己過去做出的各種小成就，放慢腳步欣賞世上獨一無二的自己，純粹地接納自己的本相。世界上並沒有完美的框架，活出心安理得的自己，才是最美好的人生。

你可以是冰、是水或白煙——給沒有陪伴的家庭中成長的你

許多父母常因為工作的忙碌，無法在身邊好好陪伴孩子，或是父母本身遭遇到不幸，在情感被掏空後，無暇顧及孩子。這樣的你就在缺乏陪伴的家庭中懵懵懂懂地長大了，可能要到青少年或成年期，你才逐漸意識到忽略和冷漠對你造成的影響。

以下我提供幾項有效的情緒行動策略：

刪除「愛我是有條件」的想法

從小到大，你總覺得家人都把其他事情，看得比了解你、陪伴你來得重

要，於是如何讓自己被注意、如何讓自己變得重要，都是你潛意識想去提升自己價值的重要目標，你以為做到這些條件才可以讓自己被愛。尤其父母的人格太以自我為中心，你可能就不會意識到，你已成為滿足他們需求的人。

成長過程中，你可能隨時用眼睛在洞察人情世事，專門留意別人會喜歡怎麼樣的人？例如：老師喜歡成績好的、幫老師做事情的、比賽得獎的；或是外表看起來漂亮、酷炫的人，好像都比較受群體的歡迎；出社會後，你關注被主管肯定、信任的人……總之老是看到別人如何優秀如何受歡迎，卻很難發現自己的優點。而且在你的潛意識中，不太相信別人會真正想和你在一起，你認為會和你在一起都別有企圖，於是對親密關係暗暗地存著觀望的態度。改善不安全感，將是你的首要課題。

你最需要學習的第一步，就是看重自己。要肯定自己的優點，真心接納自己的缺點。當別人貶低你的時候，不要覺得你配不上他、不如他，而是要意識到他有不尊重人的問題。

你每天早上照鏡子的時候，要好好看看自己，欣賞稱讚自己的好；也要盡心地裝扮自己，回應自己最美麗的笑容。

因為你看待人與人之間的接納是有條件的，當成績不好，很可能就會覺得老師不會喜歡你，一定對你帶有偏見。或當你在工作中出差錯的時候，會心想：完了！我一定在主管心裡黑掉了！其實，不一定是這樣。

你可以和老師、主管建立好的關係，看到師長微笑打招呼，在有互動機會時以誠相待。進行被交付的事項時，在過程中可以坦誠地提供想法，虛心地接受指導，一個好的關係就是在合作共事時，建立起信任的基礎。

我以前就是認為愛是有條件的，所以表現不好的時候，我就會安靜地遠離人群，但是現在的我會把握和優秀的人相處共事的機會，讓別人可以認識我的處事為人，我也表達對對方的欣賞，然後能夠建立起一份難能可貴的關係。

當你看重自己、喜歡自己，就會有安全感去親近別人。當建立起和善友好的關係時，就算遇到需要解決的問題，你也會比較有信心去溝通和面對。

由於你一直在朋友中是付出較多的人，你的為人自然會受到喜歡，或者別人也會想對你好。但如果你潛意識覺得愛是有條件的時候，你可能因為覺得自己不夠好，或擔心別人有所要求而自己無法償還，就不容易接受別人的付出，如此反而變相拒絕了別人的好意而影響了關係。

所以，當別人對你好的時候，就請你大方地接受，你可以表達真摯的感謝和開心地享受在其中。建立正確陪伴的人我關係，對你來說是非常的重要！

第二步就是坦承溝通，累積對關係的信任。在沒有陪伴家庭長大的你，遇到事情常常不願正面溝通，盡做些繞道試探的做法：用迂迴、酸言酸語的暗示來溝通，或用刻薄的問話口吻表達不開心。

事實上，影響你最核心的問題，就是缺乏坦誠溝通的勇氣。譬如說，朋友不尊重你的感受，私自把你的電話給其他人，你可以鼓起勇氣告訴對方：「我感覺到你對我很好，我很謝謝你，但是這次你沒問過我就把我的電話給你的朋友，我想知道你怎麼想的？」真誠地將你心中在乎的點說出來，真正明確了解朋友待你的態度。**累積好的溝通，解開誤會和達成對待關係的共識，才能建立你心中的安全感。**

我覺得雖然你在缺乏陪伴的家庭中成長，但是你對其他人的關懷和重視，時常就像溫柔的水一樣滋潤人心。我想建議總是似水柔情的你，遇到得寸進尺的人，也可以冷若冰霜，不需要一直做甜姐兒或好好先生。生氣的時候，適時表達你的怒氣，就好像煮沸的熱水，散發水蒸氣的白煙。呈現不一樣的自己，不受他的負向情緒影響，遠離不健康的關係。

喜怒哀樂是人之常情，報喜不報憂的過度堅強，使別人誤會你能夠接受的程度，或容易忽略你的感受。然而壓抑久了，很容易突然爆炸。當你爆炸了，別人只會感到很意外，不理解你的憤怒。畢竟玉米粒和爆米花，看起來就像是兩樣東西，當你從溫順的玉米粒變成炸開的爆米花，其他人無法一下子就能理解和接受。所以，平時若你感到不舒服，在還沒有爆炸之前就要表達出來，適時地讓別人知道你的感受。

滿足別人期望不是你的責任

你很容易犧牲自己的需求，放棄一些自己的好處或立場，優先照顧別人的需要。你從助人中得到關係的安全感和自我肯定，這是使用了利他的防衛機制，保護自己不會受到拒絕的難堪。

通常是由於主要照顧者需要你的服務或照顧，於是你形成了過度專注他人的習慣。尤其當你的父母具有自戀性人格或亞斯伯格症傾向時，因為父母缺乏同理心、以自我為中心，就容易讓你在情感上與父母的主觀需求掛鉤，父母開心你才會安全，變成你在承擔滿足別人期望的責任。

你需要開始從關注他人身上，將注意力轉回到關注自己的需求上，人我互惠將是你要專心學習的功課。

在達到互惠平衡之前，你會發現自己的熱心不見得能換得相同的回報，這確實會讓你感到失望。

此時，很多人心中就會出現一個疑問：「我總是先想到別人的需求，別人則先想自己的需求，才會考慮到我，這是別人的問題還是我的問題？」

為了幫助你，我可以很直接地回答：「你的問題比較多。你需要先照顧好自己，再照顧別人。」

每個人都需要為自我負責，你曾被長期暗示「要為別人付出才是對的，才會得到接納和喜愛」，那其實是別人的問題。**若你在健康的環境裡成長，你就會是一個以大局公平為主，能合理看待自己利益的人。**

然而你更相信：付出就能有所回報。所以，每當我和來談者談到這個點的時候，就會進入一個迴旋裡，兜著圈子繞在「為何別人就看不到我的付出」或是「我會對別人沒有回報而感到失望」。

我了解你是抱持著「相信別人會給予回報」的美好的想像，這一直是你持續付出和關懷人的動力。但突然間，你發現了現實與想像的不同，必然感到錯愕和失望。

現實就是：「別人可以選擇看不見你的付出，或是，根本就不給你任何的回報。」

這個事實將動搖你此生所相信的信條：「你對別人好，別人就會對你好！」

更實際的真相就是：因為你無法掌握別人的回饋，因此當你要付出的時候，就要衡量自己的能力。此外，你也需要維繫真正能夠與你互相鼓勵、付出的朋友，因為這會是你心裡的力量。

當你沒有被好好珍惜、心灰意冷的時候，你會需要有朋友能夠傾聽，讓你可以整理好心情，不再沉浸在失望的負面情緒之中，並下定決心建立心理的人際界限。

「水可以載舟，也可以覆舟」，你的善解人意將有助於你達成不同的工作任務，讓你在各方面得到他人肯定。但事情總有一體兩面，你太在意人的眼光時，將會感到生命中綁手綁腳、施展不開。

若想突破這個坎，就要有被討厭的勇氣，敢於接納真相：不會所有人都喜歡你的。不需要討好任何人，你的心裡有一把尺，那是你認為合理的價值觀，請勇敢地把它活出來，別人自然會尊重你。

有時難免遇到有人在背後批評你做的某些事，別急著否定自己，或許別人只是嫉妒。

也許你會說：「我的腦知道，心卻很難受。」你總覺得可能是自己不對，好像必須去討好那些人，或是要和他們道歉。此時，請將自己所作所為的動機寫下來，當你一產生懷疑就拿出來看，回想並堅定自己的做法。然後忍受不安的感覺，知道你正在矯正過去盲目迎合他人的模式，接下來判斷可行的反應，需要溝通就去溝通，不需要理會就冷處理。

記住，你可以是水、是冰或是白煙。請不要因害怕別人批評就沉潛低調、妥協原則，別人的誤解不必耿耿於懷，反而要勇於追求自己的目標，盡情展現最好的自己！

活出屬於自己的生命色彩——
給悲情家庭中成長的你

上一代或上兩代的悲情故事，常會以非語言的型態，在家庭幾代間傳遞、影響著你。吃苦當吃補的堅忍、咬緊牙關地養育下一代，各種硬頸的做事態度，在你眼前成為了沒有明說的家訓。

只要能分擔父母的辛勞，你都願意吃苦耐勞。當你遇到生活中的挫折，因為你習慣忍辱負重的打拼態度，總有辦法克服難關。能照顧好家人是你的心願，便不自覺地將這個擔子放在自己的肩上了。

以下我提供幾項有效的情緒行動策略：

消化情緒傳遞給你的訊息

在悲情家庭成長的孩子，早已意識到一直難過是沒有用的，更實際的事就是需要面對問題，因此比起他人也更容易忽略自己的感受，頂多難過一下就收起情緒了。這會對你有正面和負面的影響。

和大家一同遭遇到危難，在大家都怨聲載道的時候，你會穩住陣腳先處理問題，事情過了之後，你的生氣、害怕的真實感受才會逐漸出現，此時自己再來消化。這種可以穩定情緒、先解決問題的特質，就是正向的好處。但情緒是反映當下的情況，先處理問題時，可能會延後意識到時局的情勢，這點往往造成了負面影響。

我常舉的例子就是：當你在街道看到一隻凶神惡煞的獵犬時，你感到了害怕，因為你意識到了害怕，於是你決定繞道而行，害怕的感受讓你順利避開了危險。情緒可以讓你做出最合適的反應。所以，你需要意識情緒帶給你的訊息，情緒可以覺察真相。

當你面臨的危難是人為造成的計謀和詭詐，你隱隱感受到的害怕就是一種威脅，表面上可能有需要解決的問題，但事實上，真正要解決的是隱藏在背後的惡意。

你感受到的惡意威脅，就是需要意識到的情緒，這能幫助你理解情勢。要透過辨識自己的情緒來反制威脅，才能保護、照顧自己。通常其他人意識到惡意威脅就能當機立斷，但是在悲情家庭成長的你可能會先反求諸己、努力做好自己本分，直到壞事越來越明顯，你才會感到事態的嚴重性。

以下有三個步驟可以來幫助你，透過練習意識到自己的情緒，來增進感知能力。

一、以下有各式各樣的情緒字詞，今天你有什麼正向情緒？你的負向情緒又是什麼呢？請各別圈出來，讓自己知道。

溫暖　關心　甜蜜　幸福　溫馨　親密　快樂　興奮　欣喜若狂　滿足

愉悅　平靜　生氣　憤怒　氣憤（感到不公平）　憤恨　煩躁　敵意

恨意　悲傷　憂鬱　沉重　低落　難過　哀傷　消沉　痛苦　氣餒　沮喪

絕望　挫折　厭惡　輕視　拋棄感　恐懼　焦慮　驚恐　緊張　不安

恐慌　浮躁　害怕　著急　驚訝　震驚　訝異　驚喜　寂寞　孤獨　空洞

無依靠　被拒絕　被忽略　被排除的　被冷落

二、今天是什麼事情讓你有正向情緒？什麼事情令你有負向情緒呢？

三、請你分別從正向情緒與負向情緒的事件裡，想一想你有察覺到造成情緒的關鍵因素有些什麼嗎？

你可以分析關鍵因素裡面，有沒有什麼需要處理的人事物。藉由這樣的練習將幫助你不只埋頭苦幹，也能聰明行事，避免小人的干擾。

剛開始你可能會因為體驗到負向感受而有些焦慮，沒有關係，這只是你不習慣，其實時常清理負向情緒的人是會更健康和快樂的。

當你經過這樣的練習之後，你將感到更能掌握自己和環境，反而會有安全感，逐漸習慣之後就能輕鬆自在地運用，不需要刻意練習了。

讓人知道自己的貢獻和犧牲

你渴望獲得上天的眷顧和報酬，你深知父母對你的期望，回應孝順的最佳方式就是照顧這個家。然而，未來總是不可預測，你知道自己只能成功，無法承擔失敗的代價，現實的經濟壓力更讓你倍感焦慮與緊張。

你告訴自己：「一定要非常努力才能成功，只有一般般的努力是不夠的。」因此，當成功降臨時，內心卻不禁感到僥倖。然而，你不願意把自己的人生當作賭盤，即使成功也不能停下來休息。可以想見，你承受的身心疲累是多麼巨大。

若家中父母一方失去能力，無法盡到家庭責任，儘管心酸又想埋怨，你依然會扛起重擔，因為你總是考慮著家人的需要，我看見了你的貢獻和犧牲。「啞巴吃黃連，有苦說不出。」這句話恰如其分地形容了你的困境，無法或不敢傾訴心中的難言之隱，這樣持續下去，你真的能承受嗎？

我曾與一位來談者晤談，他剛經歷父親過世，母親因失落而尋短。他一人背負起整個家庭的經濟重擔和對弟弟的照顧，無法碰觸任何負面的情緒。他覺得表達一點低落的感受，就可能導致全盤崩潰。因此，他將自己武裝起來，認為只有堅強才能面對困難。後來，我邀請他的弟弟一起參與諮商，他在終於明白哥哥背負著多麼沉重的壓力後，非常願意共同分擔責任，並一同面對這些挑戰。

心理學研究表明，「彼此陪伴，會生出心裡的內在力量。」建立支持你的人際網絡至關重要。當你感到擔憂與恐懼時，分享心情能讓身邊的人陪伴和鼓勵你。當你需要幫助時，不妨開口讓信任的人知道你的需要。當你想抱怨時，也可以與朋友分享你所付出的努力與犧牲，因為你值得被肯定。花時間讓家人和重要的朋友了解你的處境，這樣他們才能更好地支持你。一旦得到支持，你的心靈將會變得強大。

在工作中，也要關注自己的努力是否適當和平衡。將努力具體量化，以小目標開始。在工作一段時間後，務必給自己留出休息的空間。你的潛意識可能會壓抑身心需求，特別需要留意，避免過度拼搏導致的耗竭。

當家庭狀況逐漸穩定時，切記要重視自己的健康。放心調整生活步調，學會慢活和享樂，將是你人生的新課題。因為你值得活出屬於自己的生命色彩，別忘了，平凡的你也是英雄。

將你的心裝滿愛而非期望——給轉換主要照顧者的家庭成長的你

對你來說，離開原本熟悉的環境去適應新的環境，已經感覺到害怕。再加上放鬆的生活模式，轉換成有紀律的學校生活，無論是課業的適應、人際上的新關係，都讓你分外緊張。

小時候不知該如何為自己表達，又沒有人可以保護你，好像要孤伶伶地面對所有的事，屋漏偏逢連夜雨，若同時又遭遇家暴（言語或身體）、霸凌的攻擊，那種被指責的羞恥、丟臉的感覺，你一定感到超級恐怖。

以下我提供幾項有效的情緒行動策略：

重建安全的依附關係

你的內心有很深的無力感，主要的原因是和父母沒有建立起安全的依附關係——背後有靠山的感覺。所以我常在轉換主要照顧者家庭的媽媽那裡聽到無奈的感嘆：「哎，我怎麼感覺和孩子不親？」父母開心放鬆的神情都和成績有關，所以大多數孩子認為建立起安全接納的關係有著關鍵因素，就是要達到父母對課業的期望。

於是孩子潛意識地以為，若是能達到父母的期待，自己將不再緊繃。孩子是很單純的，可惜的是，關係不是真正建立在如實地接納上，成長的養分不是愛，而是期待。

這會有什麼問題呢？問題通常出現在他們會很在意人的眼光，躡手躡腳小心觀察著：我要做什麼、說什麼才可以達到同學、男女朋友、師長、主管老闆和父母的期望。

建立在達到期望上的關係，有時會有種供需交換、說不清楚的狀態。我比較常遇到的情況，就是孩子在各類慾望上會特別有要求，這就好像是達到期望的獎賞一樣，父母通常為了想靠近孩子，想建立親近信賴的關係，於是願意照孩子的喜好選擇餐廳，或者買什麼東西讓孩子開心。但是，在孩子心裡，未必能建立起安全的依附關係。

要如何重建安全的依附關係呢？我發現關係的療效在於父母能夠保護孩子。有些父母篤信要讓外界磨練孩子，於是當孩子發出「求救」的訊號時，父母卻站在學校或社會的那一邊跟著訓斥孩子，或者以為孩子遇到麻煩是很正常，不需要關心也不用陪孩子解決。這樣的想法絕對無益於轉換主要照顧者的家庭。

對父母而言，較理想的做法是當孩子無能為力的時候，能夠陪伴並伸出援手、引導幫助。我曾親見這類家庭的父母如何在孩子遇到問題時，重視孩子脆弱且無力面對問題的情況，努力尋求各方資源，幫助孩子度過難關。

那是一次家庭諮商中，父母分享了他們高中女兒令人擔憂的經歷。那天，女兒回家時臉色異常沉重，進房間後便迅速鎖上了門。媽媽聽見裡面傳來啜泣的聲音，心裡不安，於是急忙追問，最終得知女兒偷偷交了男朋友，並在KTV裡差點遭到性侵，這讓她受到極大的驚嚇。這次事件讓父母意識到，女兒在生活中有許多事情都選擇隱藏，親子之間的溝通變得困難。分手後，女兒和前男友在社交媒體上互相攻擊，事態嚴重到父母不得不與導師、輔導老師和教官一起召開會議，尋求解決之道。

雖然父母在過程中會感到心力交瘁，但是為了保護孩子，不斷努力的那顆心，逐漸讓孩子放心地信賴父母，這不僅能增強孩子的安全感，還能促進更深厚的親子連結。這種支持不僅僅是解決問題，更是一種情感上的依靠，使孩子在面對未來挑戰時更加堅強。

這是我內心最感動的時刻，很欽佩這對父母的耐心和深厚的愛。深覺好的親子關係值得一生來努力，任何時候開始都不嫌晚！

以上提到的是親子關係的修復，但是如果你希望從自身的成長出發，又該如何與人建立安全的依附關係呢？

希望與他人建立安全的依附關係，就需要學會在關係中感受愛，而不是僅僅依賴於「期望」。若是「期望」是關係的基礎，你可能會隱藏真實的自己，而有意識地表現別人眼中認可的你。因此對你來說，別人的善待都是因為你做到對方的期待。而關係則變成一種利用和交易，而非基於愛的連結。

這樣的互動模式，讓我們時常擔心被拒絕，潛意識裡更加關注自己的表現，而忽略了他人的需求和感受。真正的理解和關注對方是建立健康關係的關鍵。因此，請練習與人相處時，不要急於思考對方的期待，而是專注於當下的時刻，享受與對方在一起的時光。展現真實的個性，同時用心去認識對方。當你單純地喜歡一個人時，你也會開始相信，對方所喜歡的正是那個真實的你，而不是一個符合期望的版本。

建立安全的依附關係雖然不容易，但你可以擁有它。由於對這種關係的陌生，初期可能會感到焦慮不安。如果「期望」是你熟悉的關係基礎，你可能會對對方設立種種期望，例如希望他買禮物來證明他重視你、為你做超出其能力的事、或刻意約在他不方便的地方，要他長途跋涉來見你等等。

這些期望只是因為你希望對方通過行動來證明對你的愛，然而，這種方式只會使關係變得疲憊。真正重要的是坦誠地表達內心的不安，並理解對方的想法。充分的溝通能夠強化情感的連結，才會使你感到安全，而這種好現象代表你和對方建立起安全的依附關係了。

不再不安抗拒，找回身體的安全感

強烈的反抗和深深的無力感，是離開原本熟悉的照顧環境所得到的經驗。這樣的來談者通常都會認同，當時魂魄好像都隨風飛散，之後總有一段日子簡直是行屍走肉地過著。

無法照自己意願實現的經驗，使抗拒感潛抑在心中，然後用不同的型態表現，例如：有時有種莫名對現實生活的不滿。在經過深度的諮商後，來談者才會逐漸發覺內在的抗拒感，是過去的未竟事宜（想完成抗拒回父母家的這件事）所殘留下的情緒，於是，充滿了說不出的憤怒，這影響著往後的日子，好像必須藉由反抗，才可以不再被控制，得到原有的自在放心。

無論給你壓力的對象，是來自於父母、學校、職場環境中的一些建議，你可能會自然地視為威脅，隨時準備好反對或抵抗，來保護自身的自由。

因為無法保護自己的經驗，讓你在人群裡常常不夠安心，特別在意別人是否會傷害到你。當你認為這個人可能會傷害到你，潛意識開始就會對抗他、討厭他。有時你會感到自己好像在面對全世界的敵意。

由於你知道自己的安全感很容易受到威脅，因此學會調節自己的焦慮變得尤為重要。對你來說，調整呼吸頻率，讓呼吸恢復平穩，並保持內心的穩定，是保持安全感的關鍵。

你可以先找一個安全舒適的座位坐下，感受自己的背能夠放鬆地靠在椅背上，並且感受臀部坐在椅子上的穩定感，讓自己雙腳腳掌踏在地面上，感受地面對你腳掌的支撐，整體的感受有種穩當放心的感覺。然後運用第三章所提到的四七八呼吸法，讓自己容易焦慮的狀態緩和下來，每天練習十五分鐘有助於放鬆生理的緊繃、焦慮感。

學習放慢覺察那些你以為應該要憤怒與反抗的事件，其中別人提到的有些做法或建議，或許也是有道理的，不需要全盤否定。你需要專注練習分辨過去與現在的情況，以減少過往情緒影響目前現實的生活。

仔細思考你真正想要達到的結果是什麼，並根據這個目標去行動。相信你也渴望建立良好的關係，因此你需要留心觀察周圍人的友善與善意。當你在關係中感到安心時，身體也會跟著放鬆，那種強烈在意別人眼光的恐懼感，以及想要對抗的焦慮也會隨之減弱。

專屬自己的處方箋

這五種類型家庭中成長的孩子，分別會受到哪些情緒上的挫折，而造成在意別人眼光的困擾，是我在無數臨床工作裡所累積的寶貴經驗。

在上一章你已經了解到「屬於我的家庭類型」了。接下來，你可以在後面的圖示上，記錄每個家庭類型所揭示有效改善情緒的行動策略。這所有有效的情緒行動策略，就是專屬於你未來自我成長的處方箋。

你可能會發現其他的家庭類型裡也有你的某些情緒狀態，這是很有可能的，因為人心真的很精細複雜，所以你也可以將適合你的情緒行動策略一併寫下來。

既然這樣，那為何我要依家庭類型的分類來說明，並從諮商經驗提煉出最顯著的情緒困擾呢？因為這些情緒困擾確實常常出現在不同類型的家庭中，經由分類說明之後，希望你可以從中發掘自己可能還未意識到的部分，而針對這些情緒困擾，我提出了具體的情緒行動策略，這將幫助你找到最適合自己的心理對策。

另外，尊重你對自己的主觀覺察，請為自己找出負向情緒的核心痛點，並充分了解這些有毒情緒對你造成的影響。當你在生活中做些小小的改變練習，隨著不斷嘗試和堅持下去的決心，那些小小的改變將會逐漸轉化成正向的能量，讓你減少煩惱，更有自信。

※你可以運用左頁的填寫過程更了解自己，如果需要再次詳細引導，請掃描154頁「情緒行動策略的成長處方箋QRcode」。

專屬自己的處方箋

家庭生命週期

屬於我的：

家庭生涯階段

建立期	擴展期				衰退期	
父母新婚	家有嬰幼兒（出生到 2 歲半）	學齡前兒童期（2 歲半到 6 歲）	學齡兒童期（6 歲到 12 歲）	青少年期（12 歲到 20 歲）	子女離家	父母空巢到退休

家庭類型：

____

屬於我的家庭類型（以英文代號標示）

____

情緒行動策略的成長處方箋

- ______________________________
- ______________________________
- ______________________________
- ______________________________

我的成長宣言

____

____

____

CHAPTER 7

你還是在意別人的眼光嗎？

懂得將別人的眼光轉變為正向能量的能力

人是社會性的，每個人難免會在意他人的眼光。但在社會氛圍的影響下，我們總會極力不讓自己成為在意他人眼光的人，有時甚至會刻意表現出完全不在意他人想法，恣意過活。

不過請認真想想，那些你所在意的眼光，難道一無可取？

事實上，有時候我們可以從別人的眼光中汲取令人意想不到的力量，讓你發掘自我成長的轉機。而開啟這道力量的鑰匙，就在你手中。

不妨回想一下，就會發覺在你的人生經驗中，有些關係或成就，是因為你在意他人的反應而做出改變，最後才有所收穫。比如重修舊好的友情、死灰復燃的戀情、談判瀕臨破裂但最終到手的一筆生意，或是在上司眼中由黑轉紅等等。其實這些改變都足以說明，你有能力將別人眼光裡的負能量轉換為正能量，只是你一直沒發覺，或是沒有正視它並加以好好利用。

接下來我們就來了解一下，為何原本的負面經驗竟會產生正能量。

挖掘出「正向在意」

關於人心，前面提過可以比喻成一座小島，島上有一部分經過森林大火，被燒得滿目瘡痍，那就是在意別人眼光的負面困擾，接下來我稱它為「負向在意」；而另一部分則是百花齊放、萬物和諧共處，是小島中健康的生態，這就是在意別人眼光的正向效果，即為「正向在意」。

在低潮時，我們常常被負面情緒困擾，焦慮和絕望讓大腦充斥著消極的想法，並使我們過度關注生活中的負面部分。這是人類大腦的古老設定，為了保護我們免受危險，因此我們的注意力自然會集中於潛在的威脅上。

然而，**人在心裡修復的階段，真正擺脫負面情緒的徵兆，就是能夠在許多負面事件中挖掘出正向在意，並重新定義原本的負面經歷。**當我們開始這樣做時，便能順利進入療癒的階段。

例如即便面對一段痛苦的分手，也能找到一些正向的力量。有一位來談者找我痛苦地訴說著剛剛結束的感情，怒罵著男友在她最無助的時候提出分手，當初她可是不顧家人反對跟他交往啊！她回憶起過去那些美好的時光，無法理解感情究竟在什麼時候變了質？她滿心懷疑自己這麼多年在堅持什麼？一邊責怪自己太投入感情，一邊怨恨對方不懂得珍惜……

就在她幾乎要被這些情緒淹沒時，我溫柔地問她：「我知道你現在很痛苦，但請你想想，是什麼讓你這麼失望？失望的背後都有期待，你對愛的期待是什麼？」

她沉默了。

我想引導她離開情緒的泥淖，於是又問她：「你一直說自己希望有一段被尊重、被愛的關係，但這段關係無法讓你得到這些，那你還想期待它什麼？你說過你很在意對方，可是從剛剛你的描述，我發現你最在乎的其實是自己對愛情的期待，是對一份真心對待的渴望，而不是消耗自己去填補對方的不足。」

成長的助力

她深深地看著我的眼睛，這番話語讓她的情緒逐漸冷靜下來，開始反思自己的心態。她意識到自己過去一直把對方視為「理想中的愛情」，甚至忽略了自己在這段關係中的需求與感受。她想起了那些在痛苦中獨自拭淚的時刻，並深刻地覺察到，愛情不該是讓自己迷失的理由，而是成為更好的自己的力量。

我堅定地對她說：「所以，你並沒因為他離開而失去了什麼，而是你真正擁有了一個重新開始的機會。」

她開始理解，這段痛苦的結束並非無情，而是一種生命中的提醒——是時候放下不再適合的東西，擁抱更符合自己價值和需求的未來。她不再為過去的選擇懷疑，而是深深感激自己有勇氣放手，也感激這段關係帶來的成長軌跡。

最後，她輕輕一笑，眼中帶著一絲釋然，自信地說：「是的，這段經歷讓我學會了如何珍惜自己，也讓我更清楚未來要尋找的愛情。」她不再覺得自己在失去，而是發現自己獲得了更多的自知與力量。

這時我們都露出了微笑，我帶著欣賞她的態度對她說：「你學會成長，學會放手，這才是最大的勝利。」

我也相信，她會逐漸看清楚自己的心，從原本很在意別人的離開，轉而覺察到自己其實更在意的是對愛情的期待。她也能夠重新定義「分手」，這對她來說是一種「領悟和成長」。

這種心靈的力量源自於全面的覺察，而非止步在消極、痛苦的片段。這也正是意識的力量所在：在於我們選擇如何看清楚你的「在意」，是從深入理解自己在意的根源（你的期待），並將它們轉化為成長的助力。

我們或許沒有意識到，在意別人的眼光的正向價值也曾出現在自己的人生中，只因為多數人都習慣去關注負面的部分，而忽略了它們的影響力。現在，我們要練習將注意力放在正向的地方。

接下來，我會分享人生中幾個重要的面向，帶你一起來辨識「正向在意」和「負向在意」的差異。當我們學會欣賞這些奇妙的正能量時，就能將它們轉化為推動生活的動力，在生活遭遇困難時，幫助自己找到希望和勇氣。

在意別人的眼光是社交智慧

「你看到誰都能聊上幾句，這樣八面玲瓏，應該考慮去當外交官，根本就是一隻花蝴蝶。」

聽到朋友這樣說，可能會讓你愣住，心想這到底是稱讚還是貶低啊？從她酸溜溜的口氣上來看，你免不了猜想她在嫉妒你，但又覺得這樣毫無憑據地猜想似乎不太對吧？可是你也不想不分青紅皂白，不思考對方說得對不對，就一味認為是自己有問題……

尤其若有機會看到關於討好型人格的文章，其中指出容易對人百般討好的人，大多是沒有主見。這樣聯想起來，你會不安地想：「朋友是不是看見了我沒看見的問題？真的是我太迎合別人了？」你也可能越想越難受，忍不住問自己：「我看起來有像在對人阿諛奉承嗎？」心裡不免想：「我需要在意朋友的話來調整自己嗎？」

對於這樣的人際互動狀況，我們的確需要探討一下。

拍馬屁和社交的區別

首先，我想邀請你去想像一下：某一天，你穿上正式的服裝，戴上能搭配服飾的精緻配件，因為即將要去到一個重要場合，那是只有專業菁英才會受邀的社交聚會。

你一抵達會場大廳，帶著微笑走進去，準備以友好的態度面對每個人。這時候，一位舊識迎面而來，身旁是個你素未謀面的人。經過介紹，你知道他是一名畫家，你會怎麼回應呢？

你會說：「喔，那是一份不食人間煙火、不知人間疾苦的工作。」還是會回應：「我感覺要做一名畫家，感知能力要超強，觀察力也要敏銳，真是令人佩服。」

我想大部分的人會選擇後者來回應，讓對方感到被欣賞和認同。這也符合心理學研究上的發現，在社交場合對初識的新朋友，我們大部分的人會以稱讚和認同的方式回應對方。因為和一群不熟識的人社交的時候，內心自然會產生警戒感，擔心自己會在群體裡出醜或不被接納，在場子裡失了面子。於是，當我們在初識交談時會表現出善意，來化解尷尬和不安。

好的，接下來你處於三個人的談話中，你聽著他們兩人聊起上次見面發生的一些趣事。除此之外，你還會注意到什麼呢？可能是新朋友講話時的表情和手勢？或是留意他說話的語氣和態度，在猜想他是什麼樣類型的人呢？

隨著你對這個人的觀察，心理上會自然形成某些念頭，像是「對方是否容易相處呢？」「我要不要交這個朋友呢？」等等的想法。通常一開始，我們會從這個人的態度和行為，初步判斷其性格和能力，再來決定接下來要採取哪一種互動方式。

其實，在剛認識一個人時，我們心裡多少會有些小劇場，於是，為了可以產生正向的關係連結，自然就會留意對方的觀點和需求，然後以善意來回應。這並不是逢迎拍馬屁、討好人，而是在意別人眼光的正能量，其中具備的社交技巧和正向效果。

正向在意vs.負向在意

就像寶妮（27歲）在公司剛換到新的部門時，除了表現工作態度充滿熱忱之外，偶爾也會分享手邊的零食，休息時間會參與同事的聊天，這些表現，就是希望給人一些好的印象。

在心理學有提到，當一個人去到新環境的時候，潛意識都會因為生存焦慮的原因，擔心面臨某些人際上的威脅，譬如被別人認為難相處或遭受刁難等等。所以，為了生存的安全感，寶妮採取了促進正向互動的行為，讓關係不會有負向行為的回饋。

也因為寶妮和善的互動，除了讓她原本好的個性可以被看見，給人留下好印象之外，也可以避免一開始就遭受人際困境的危險。

寶妮對周遭人表現出的在意，是出於正向的動機：她期望能在尊重和互助的環境下共事，因此會同理他人的感受，這是寶妮「正向在意」的展現。再加上她認真負責，並不仗恃著「好人緣」而在工作上輕忽、怠惰，因此無論遇到多麼繁重複雜的任務，這種良好的人際互動，總能帶給她助力，讓她更順利地完成目標。

那麼在同樣的職場環境，什麼樣的行為和心態才是刻意討好、落入「負向在意」的陷阱呢？

其實，相對於寶妮，他們想和同事建立良好關係的心態是一樣的，但是背後情緒就有很大的差別：他們總是為人際關係擔憂，內心一直被這種焦慮折磨，而長期陷於不安的心情，這就像有毒的情緒。

打個比方，假設這個人正忙著工作的時候，看到同事聚在一起聊天，就想像他們會不會覺得自己很孤僻，胡亂猜測著被討厭、排擠的可能性，然後一直困擾要不要花時間與同事熱絡起來，對別人的反應充滿著不安的揣測，心裡內耗以至於影響到工作效率，這就掉進「負向在意」的陷阱了。

是否帶著有毒情緒去在意別人的眼光，人的內心是會感覺得到的。當你的想法出現許多負向揣測和傾向自我否定的時候，就要停下來調整自己的心態，然後以正向的動機出發，來在意周遭的人事物。

現在不妨問問自己：

1. 你曾看到有人在工作面試時，隨便穿著短褲拖鞋，讓面試官對其專業性產生懷疑？或聽過有人在喜宴祝酒時，當著新人的面提起前任的名字，讓氣氛變得尷尬？或是你也有其他類似的經驗？

2. 對於上述不合時宜的行徑及言語，你感覺如何？

3. 當你注意到別人眼睛的視線並理解他們的想法，你能適當給予反應而促進良好的互動氛圍時，你有得到什麼好的回饋？

社交智慧不僅有助於自身的社交發展，也能為周圍的人創造更愉快的互動環境，當你在社交表現出正向在意，卻被人碎嘴時，請用這句話來肯定欣賞自己：「我重視關心別人，讓大家相處的氛圍變得更溫暖，這是我的性格魅力，我喜歡我自己。」

穿上「正向特質」的戰袍

「幹嘛這麼認真，就你是好學生！」

「你的努力真是令人印象深刻，果然是『汗水換淚水』的最佳典範。」

在學校你可能還聽到過更多酸溜溜諷刺的話，那些別人貶抑的眼光總是會動搖你原本想好好認真學習努力的心，影響著你接下來會做的決定和行動。

「成績」是造成負向在意的重要來源之一。但是，「成績」也是讓我們能被看見，給我們未來更多機會可以展現自己，往更好的地方去提升自己的一個重要評選指標。「在意成績」對我們來說，是一個能成為更好的自己的正向機會。所以，對於分數、成績，我們真的是又愛又恨。

無論在美術、運動或一般學科等各領域學習，都會有成績評估你的能力。**每個人都在意成績，對於成績產生厭惡感，是源於得到低分時，受到比較**

和別人對待自己的態度，自尊受傷的緣故。

成績好才會被接納？

人培養自信的方式，就是肯定自己的能力，像你從小學會走路、綁鞋帶、騎腳踏車、學會寫字，小時候每學好一樣事物，心裡就感到：「我好棒！」但是，以「成績」判定你學會多少，那個不及格的分數就會讓你倍感無力。

尤其在課堂上，當老師發考卷時，分數的高低往往能反映出老師對學生的看法。成績高的學生可能會得到更多的讚賞，而成績差的學生卻會面對更多的質疑與失望；或者父母對成績表現出極端的反應，考得好就笑得闔不攏嘴，考不好就板著臉責備孩子。這樣的情況，會讓我們不由自主地將自己的價值與成績掛鉤，並將其視為是否被接納的指標。

有位來談的高中生曾經告訴我，他極度厭倦將成績視為自我價值的唯一標準。他內心抗拒成績不好，甚至恨不得把考卷撕爛。當他說：「我就是爛，算了，我不用努力了！太難了，我做不到！」時，讓我感受到那份深深的無力感。這樣的情緒並不罕見，許多人在面對低分時，往往會覺得自己比別人差，並將自己的價值與成績畫上等號。相反，很少有人會說：「我很好，是分數不好。」我們總是把低分當作自己不足的證明，而忽略了學習過程中的努力和成長。

這樣的心態，會讓我們在他人的評價中迷失自我。為了保護自己的自尊，當拿到低分時，我們常會以敵意回應他人的眼光，甚至內心抗拒面對自己所謂「差勁」的感受。這樣的負向經驗，導致我們對在意別人的眼光總是出現負面的想法，實在很難聯想到正向的意義。

然而，成績並不等於一個人的全部價值。我們每個人都有獨特的能力和優勢，這些優勢不僅體現在學術成就上，也體現在情商、創意、毅力、溝通能力等方面。真正的自信來自於對自己的全面認可，而非單一的學業成績。

但是許多學生心裡都知道，成績在未來進入社會時的確是一個參考指標，因此，不知該如何面對成績差的問題時，只好自暴自棄，逃離被打分數的壓力。不過，當他們選擇逃避時，其實對未來也感到很茫然。

承認自己的在意

我在幫助青春期孩子面對「成績」的時候，會告訴他們：「其實誰都會在意成績。」對於成績，我們需要區分「在意成績」和「如何達到自己想要的成績」，這其實是兩件事。所以，我們可以大大方方地和自己說：「對，我是在意成績！」而無須在「在意」和「不在意」上糾結，造成內心的衝突和焦慮。當我們能接受自己「在意」之後，接下來再面對怎麼能逐步達到自己想要的成績標準。

有些人想提升成績，很專注在學習上，除了上課外，就是跑圖書館，下課時間也在複習功課，跟同學的相處時間越來越少，聽到同學抱怨自己的疏遠，又開始擔心人際關係變差、被邊緣化。這時必須傾聽自己內心的聲音：「我就是在意成績，我想為成績努力。」只有你心裡最清楚明白，你的積極認真是自己想要的。

勇敢面對「成績」，就是仔細評估自己學習的狀況，不需要和別人比較，只要在每個科目就自己的能力，給出想達到的不同標準。堅持下去的動力，就是當你能穿上「正向特質」的戰袍時，將自我肯定聚焦在自己穩定的正向特質上，而不會被分數的波動，讓你的自尊心跟著上上下下地起伏不定。

找出核心正向特質

你是否曾經認真想過自己有哪些正向特質？如果請你說說自己有哪些好的正向特質，你可以說多少個？

我問過的許多人裡，大概可以說出三到四個，若要再說下去，不是覺得沒認真想過，就是不好意思說，或者也不確定。

現在，想一想，你具備哪些以下的正向特質？請圈出來：

善良　好奇心　創造力　洞察力　勇氣　喜愛學習　善解人意　工作熱忱
社交智慧　團隊合作　有批判思考能力　熱心助人　正直正義　誠實
謙虛　耐心　包容力　領導能力　關懷他人　堅持與毅力　可愛
樂觀與希望　仔細謹慎　幽默有趣　有同情心　欣賞美的能力
情緒調節能力　真摯　講求公平　追求自然　想像力　做事認真　負責任
熱情　聰明幹練　溫文隨和　忠誠　直覺很強　心胸開闊　活潑開朗

獨立　有理想　沉著　有彈性　圓融　自制力

請讓周圍的朋友或家人，也幫你圈出來，重複越高的就是你最擅長的核心正向特質。

越承認和肯定自己正向特質的人，就像將「正向特質」穿在身上，這是一個極稀缺珍貴的戰袍，讓你覺得自己威勇不少，不會這麼輕易受別人負向的眼光刺傷和影響。

在家庭諮商的時候，我會鼓勵做父母的人也一起來試試看，圈選出孩子的正向特質。當父母為孩子圈出正向特質，並且對孩子表達出肯定，就會如同為孩子穿上戰袍，讓孩子感到更有自信。一般說來，如果父母雙方都能圈選出超過十五個特質，不僅表示所擁有的親子關係比較健康，也意味著父母是以孩子的正向特質看待他，不會過於重視孩子考試的分數而忽略了真實的他。

特質幫助我們克服挑戰

人生每個階段的挑戰可能都不一樣，在青少年期的孩子多半受到課業成績的壓力。我想分享一個真實案例，讓你知道穿上「正向特質」戰袍的作用。

愛妮（17歲）因為即將面對升學考試而感到壓力很大，成績不好她都歸因於是自己不好，變得很在意別人怎麼看她，每到週日晚上都很焦慮，很抗拒第二天要去上學。

面對成績不好，讓她覺得很羞愧，不如人的感覺讓她更失去了學習動力。在青少年時期，成績就好像等同於自我價值一般，很容易以成績評價自己是好學生還是壞學生，無法看見自己身上專屬的正向特質。

於是，在一次諮商的時候，我請愛妮圈選自己的正向特質。

她圈完後露出驚喜的表情，開心地說：「想不到我有這麼多正向的特質。」但隨即臉一沉，沮喪地說：「沒用啦！每次看到成績，我就覺得自己很爛，沒有救了。」

「可是我們這一生或許會經歷幾千次考試，得到無數個分數，請問哪一個可以代表你呢？」我放緩語氣問她。

她一臉茫然，我很能理解她的心情。「考試成績不好可能有幾個因素，其中一個確實可能是能力還沒到達期待。但能力是可以逐漸進步的。」我停頓了一下，溫和地問她：「你覺得是什麼能夠幫助你持續地進步呢？」

愛妮說著，低頭看看手上的正向特質，然後突然會意過來，抬起頭對我微笑說：「應該是我『堅持』的特質吧！」

我們難免都會遇到給自己壓力的人，你可能要承受老闆、主管對你的期待，或是老師、父母的期待，這些都讓人感受到一股莫名的壓力。在期望之下，我們其實可以將焦點從他人評價的眼光，放在肯定自己的正向特質上。

我們可以不用分數來定義自己，自己的正向特質才是真正的自己。

數學是愛妮感到最難掌握的科目，每次她都要承受數學成績的挫折感，但是當她理解自己擁有「堅持」的正向特質之後，轉而用欣賞的角度看待自己能夠堅持不放棄。愛妮覺得這招很管用，因為她逐漸不受分數的影響了，而是覺得自己很堅持、很厲害。最後，愛妮考完大學放榜時，沒想到數學成績居然達到頂標！

是什麼讓愛妮做到的呢？我想是因為愛妮穿上了「正向特質」的戰袍，讓她可以正面地在意成績，而不受每次成績考好或考壞的影響，也不會拿分數直接評判自我的價值。在課業的壓力下，愛妮雖然時而感到鼓勵，時而面對挫敗，但她依然能夠躲避槍林彈雨，最終爬上頂峰，插上勝利的旗幟。

現在不妨問問自己：

1.請問你有哪些正向特質呢？

2.你願意對自己說「此時我正面臨的挑戰是＿＿＿＿＿＿（空格由你填寫，可能是成績、業績、大型會議簡報……），我會以我的正向特質去達到我想要的目標」嗎？

3.接下來，你打算怎麼運用正向特質去克服挑戰呢？

能專注意識自己正向特質的人，比較不容易受到別人評價的影響，而左右自己正在付出的努力，或下定決心的意志力。你會在不斷表現自己的正向特質的過程裡突破困難，此種正向循環也會持續為自己增添自信。當你戰戰兢兢地面對任務挑戰時，請你欣賞和肯定自己，告訴自己說：「我已經足夠好了，只是在不斷學習和進步當中，而每一個成果都是我達到目標之前很珍貴的一小步。」

人際溫度計

「看你怎麼做家事的！我當年可不是這樣對待你公公哦！」

朋友告訴我，這是她婆婆常常說的話，讓她聽得背脊發涼，只想離這個人遠遠的。在這種不得不在意的關係中，對方的話語會讓我們格外敏感，但如果這些話讓你感到不舒服，那該怎麼辦呢？

有時候我覺得動物比人更聰明。很多鳥類就會隨著氣候，根據環境和食物來源的變化調整行動，像是在夏天氣溫高達三、四十度時，會選擇在早晨或傍晚活動，避開正午的高溫，或會選擇遷移到較涼快的地區，多半在樹蔭或水源附近待著以保持涼爽。

若人際關係有個溫度計的話，不健康的關係要不是溫度過高，令人感到灼熱難耐，不然就是溫度過低，讓人感到寒風刺骨。朋友和婆婆的關係，若讓

「人際溫度計」量一量，應該就是溫度過低，降到冰點。

剛剛好的溫度才能自在

你去過台北的動物園嗎？那裡有個鳥園，鳥園裡有湖有樹，鳥兒就像在森林一樣，可以自由自在地在大空間裡飛翔，養育員會在木栓上放盤子，盤子裡有鳥的糧食，在樹上也綁著水果，提供牠們足夠的營養。

平時我去鳥園時，鳥兒偶爾會飛在食物盤上，但是只要有人經過，牠們不是防備地啄食，就是很警覺地飛走。有一天我在動物園最後要關門前進了鳥園，鳥園裡幾乎已經沒有人了。孔雀大步走在人行步道上，自在地開屏展現美麗的羽毛，鳥兒在食物盤上盡情地啄食，大快朵頤得將豆子都噴出了盤子外，當我一靠近，牠們不但不飛走，還很自在地享受著食物，一副吃得美味可口的樣子。樹上的水果，則被小松鼠佔據，開心地品嘗著水果大餐。

動物們似乎感受到周圍沒有人群目不轉睛盯著看的狀態，就放下了警戒心，展現出自然的輕鬆與愉悅。這讓我想起，牠們的戒備狀態，就像我們和某些人在一起時，總覺得無法放鬆，感到緊繃與拘束。而牠們此刻的自在，則像是我們與那些讓我們感到舒服、輕鬆的人相處時的狀態，無所顧忌地享受當下。

熱浪讓人重新審視關係

我的好朋友莎莎（32歲）和男友交往了三、四年，最近男友要帶她去見父母，大家都心想應該是好事將近，雀躍地為她送上祝福。在他們聚餐過後，我卻接到她沮喪的電話問我：「怎麼辦？我有點想分手……」我心一驚，不知道她怎麼了，接下來便耐心傾聽她所遭遇的情況。

莎莎說這是她第一次見到男友的父母，一走進他家的那一刻，他媽媽就先從頭到腳地打量她一遍，然後瞇著眼睛扁起嘴說：「你身高應該不到一百六十吧？」莎莎乾笑自嘲著說：「號稱一六〇啦！」

吃飯的期間，男友的媽媽盡說著自己如何含辛茹苦地拉拔男友到大；問到莎莎的家庭背景，一臉不滿意，言語間透露著她根本就配不上自己的兒子。莎莎突然感到很不自在，注意起自己的每一個舉動，夾菜也小心翼翼的，她覺得口乾舌燥、連吞嚥都無法順暢。男友和他爸爸竟然悶不作聲，自顧自地吃飯，沒有人在意莎莎的感受。莎莎說，一直到走出男友家大門，她才終於鬆了一大口氣。

在我充分了解情況之後，我坦白地回應她：「其實你未來的婆婆現在已經讓你感到很焦慮了，如果以後還要住在一起，一切都要依她的話去做，真的會讓人相當窒息。除非可以改善你們的關係，不然你現在真實的感受，已經預告未來的相處情形，你需要正視這樣的情況，不要為了捨不得愛情，而盲目地進入到一段複雜關係的家庭結構裡。要相信自己焦慮的感覺，感覺已經在提醒你現況。如果，你男友真有心，就要著手改變與母親的關係，也要讓父母尊重你們的所有決定。」**我真心認為千萬別故意不看相處的警訊、以為「船到橋頭自然直」，焦慮感能幫你測試一個關係是否健康。**

你在人際互動上會在意別人的眼光，那是一個社交智慧的表現，但若發現會引發你的焦慮時，就表示人際溫度計已經顯示溫度過高了，嚴重一點可能是熱浪來了，需要好好審視這個關係該如何調整。不要落入「溫水煮青蛙」的境地，身處不健康的關係中卻絲毫不自知，發現時已經無救了。

降到失溫漸行漸遠

另一種就是溫度過低的情況，這種情況是你不焦慮，焦慮的人是對方。兩個人明明平時相處不錯，但是感覺要更親近時，其中一人就搞消失或者刻意冷落對方，逃避型依附關係的人就常常如此。這些人因為小時候主要照顧者忽略他們的需求，造成他們對關係感到不安，內心的焦慮和沮喪一直到長大成人都還會在，但卻否認、壓抑這些情緒，導致在關係裡會害怕親密和互相倚賴。如果你的交往對象是這種情形，人際溫度計就下探到冰點，常常覺得心寒失溫。

奧多（33歲）本身害怕親密的關係，為了降低在關係裡的焦慮，時常刻意迴避別人的視線，也藉由表現不在乎別人，來證明自己不受別人評價的影響。但這些都只是表面的樣子，真實的情況是奧多越在意這份關係，心裡其實越焦慮。

就像他明明很開心和溫蒂的關係有了新的進展，卻被自己「假裝低溫」而搞砸了。那是溫蒂第一次到他家裡作客，奧多內心雀躍期待著，但是為了降低對溫蒂來訪的期待反應，便刻意表現自己不在乎。所以在溫蒂來的時候，他竟然讓溫蒂在客廳等他，表示自己要先忙完一些工作，二十分鐘後才悠悠地走到客廳。奧多想營造不在乎溫蒂的感覺，好降低內心的緊張焦慮感，結果卻讓溫蒂感到失望，她覺得奧多並沒有像自己這麼在意這份關係，從此逐漸疏離淡化與奧多的關係。

如果你察覺到有些人明明在意你，卻表現出反常的行為，此時又缺乏良好的溝通來改善關係，那麼就像一個降至冰點的「人際溫度計」在告訴你說：「這段關係的深入發展將會面臨阻礙。」

現在不妨問問自己：

1. 你有意識到現在周圍有哪些關係在評價打量你嗎？
2. 在這些關係中，你是否有察覺到自己的焦慮感呢？

當你擁有在意別人眼光的能力，就會覺察到哪些關係該改善調整，且能分辨出哪些才是真正健康的關係。**這就如同心裡有一把「人際溫度計」，太高溫或太低溫都表示在這段關係裡感到焦慮不自在，只有在適宜的溫度區間，才表示你與他人的眼光和諧相處，是在人際關係溫度計的正常範圍內，彼此感到怡然自得，關係自然也能穩固長久。**

在愛情中在意，是因為重視

「男人不壞女人不愛，你要學學對情人欲擒故縱，才不會被吃得死死的！」

在愛情中，關心彼此的感受和眼光是自然而然的，然而，這樣的在意有時會讓人感到矛盾。尤其當我們聽到「男人不壞女人不愛」這類話時，心中難免會浮現疑問：難道真的需要故意保持距離才能增強吸引力？在真心相愛的時候，我們難道不應該坦誠相待嗎？當我在意情人的感受時，是否就必須掩飾自己的在乎？

這種困惑常在來談者提到感情的困擾時出現。這讓我思考，在乎對方的眼光，究竟是讓關係變好，還是讓關係變糟呢？

表露情感就輸了？

首先，我想分享一個觀點：每個人的認知和行為都受到過去經驗和文化背景的影響。例如，某些文化會讓人覺得向人表露情感是脆弱羞恥的，因此在感情中他們可能不會輕易坦誠。

這不僅是影響一個人怎麼表現出他的想法和行為，還會造成他如何假設和推測自己所面對的整個世界。他不但無法坦誠表露脆弱的情感，也會假設別人無法接受自己，或預測會被人拒絕。這樣的信念造成他無法真實地理解伴侶、缺乏情感交流而導致溝通障礙。

這對來談的伴侶就是這樣，他們因為來自不同的家庭背景和成長經驗，所以對待衝突的方式截然不同。麥克（32歲）在嚴厲的家庭中長大，對人總有被批評的恐懼，這使得他在戀愛中很在意安妮的眼光，努力迎合她，希望得到她的欣賞和肯定，卻也因此失去了自我。不僅如此，潛意識裡他會預想別人就是會放大自己的缺點，對人產生莫名的敵意和憤怒。

而安妮（30歲）是在支持和包容的家庭中成長，當她在犯錯時，家人會先幫助她彌補過失，而且能原諒她。於是，她比較願意自省，相信只要誠心道歉就能再次被接納。這樣的差異讓他們在面對衝突時，常因為不同的處世態度，而使摩擦越來越劇烈了。

麥克因為過往成長的經歷，一直都很敏感，遇到爭吵時，安妮因為是個有安全感的人，就很容易成為先道歉的那一個；而麥克防衛心重，不但不道歉，還會將一切都怪罪給安妮。長久下來，安妮因為無法理解他的情緒而感到困惑。這種模式一旦形成，雖然兩人都在意對方，卻會因為面對的態度造成傷害，最終關係將走向破裂的局面。

麥克的問題就是用「負向的在意」對待安妮：他潛意識將自己的某些預想投射在安妮的身上，假設對方就是會責備他，於是當安妮流露出無力、茫然或是擔心不安的神情時，他就解讀成安妮對他失望、不滿意。此時他就掉入負向的狀態裡，而「負向的在意眼光」只會帶領關係走向膠著的方向。這樣的麥克需要改善自己的情況，若沒能抒解過去的負向經驗影響，安妮終有一天會無法忍受麥克陰陽怪氣的情緒起伏，而以分手收場。

辨認兩種愛情裡的「在意」

所以，在乎對方的眼光究竟能否讓關係變好呢？

若對伴侶採欲擒故縱的態度，以此來拿捏另一半的感情，這樣的方式分明就是因為很在意這份關係來的。然而，這種隱晦的表達方式最終可能會轉變為一種「負向的在意」，其中充滿了猜測和不安。

經過多年的伴侶諮商，我發現在這一類關係，需要辨認兩種「在意」：一種是須要擺脫的「負向在意」，另一種則是「具有正向能量的在意」，後者就是以能夠真正關懷對方的動機，進行真誠和開放的溝通。當我們在乎情人的眼光時，應該是出於重視這個人，希望能讓彼此相處愉快，進而催化愛情，這才是良好關係的核心。

現在不妨問問自己：

1. 談戀愛時，你心裡可能會想問：「他真的喜歡我嗎？」這句話就是一種負向的在意。現在你們已經交往一段時間了，請問你還在意這個問題嗎？

2. 當你發覺自己很在意伴侶的看法時，你的動機是負向的（怕被責備、怕被討厭、怕被分手……）還是正向的（想要傳達愛意、給予安慰、讓對方知道你很重視這份感情……）？

3.你會因在意伴侶眼神所透露出的某些訊息（例如：疑惑、嚴肅……）而說慌、生氣或刻意配合嗎？或者你會藉此更嘗試了解對方，坦誠溝通呢？

你可以放心地在愛情裡在意，你可能想過像是「他喜歡我這樣穿嗎？」「我送的禮物，她會喜歡嗎？」「今天她和我在一起開心嗎？」可能還有更多其他的想法，這不是因為你卑微，我認為只要是正向的在意，就代表你的重視，你可以放心地表達情意。

關係中的「負向在意」會導致不安全感的產生，「正向在意」則會增加關係中的信任。當真心相對、互相理解時，美好的愛情最終才能在兩個人的正向在意裡開花結果。

尾聲

此時，正是秋末入冬的季節，也是我將本書寫完的時候。我在公園裡漫步，圓形的湖泊倒映著樹木，涼風拂過我的臉頰，我深深地吸了一口氣，這季節正好。

隨風微微在湖面上起了漣漪，這幅景象讓我想起了人心的變化。我們的情緒像這平靜的水面，偶爾也會被外界輕輕掀起。而在這過程中，對自我肯定的依賴往往會被外界的眼光所動搖。要調整情緒無法一蹴可及，但當你開始覺察時，就已經邁出了重要的一步。

回顧這本書的寫作過程，我揭開了原生家庭焦慮關係的影響，因此我們深入了解「負向在意」的各種情緒，面對情緒的調整，是需要每天的練習。若你已經從在意別人眼光的痛苦與束縛中逐漸覺醒，我相信你是一位勇敢又有力量的人。

這本書的誕生，是為了陪伴心靈受到折磨的人找到一條修復之路，而能達到自我的療癒。最近得知微生物學家發現了一種讓殘磚碎瓦能自我修復的細菌，這些細菌能夠放入混凝土中，並且在遇水後會與混凝土發生化學反應，經年累月後可以修補裂縫。

當我們學會覺察情緒並給予自己寬容與接納，就能夠像這些細菌一樣，逐步填補過去的傷痕，讓心靈越發堅韌。但我們的情緒和自我肯定是需要在適當的環境中進行修復，就像細菌需要水才能發生復原的變化，希望這本書就像水一樣，可以給你活化復原力的環境，在受到別人眼光困擾而需要理解和指引時，給予你走下去的力量。

最重要的是，當我們了解了在意他人眼光的正向力量時，這不再是負擔，而成為了自我成長與人際智慧的源泉。現在，你可以掌握自己的內在世界，這就在於你的選擇。

我深知，人的心靈就像萬花筒那般多彩多變，每一個人都是獨一無二的。在這本書中，我所提出的觀點，只是我在多年工作中對於人心的一些觀察和心得，希望這些想法能對你有所幫助，帶來一些啟發。

寫這本書的過程中，我收到了許多人的鼓勵與支持。家人和朋友們紛紛希望我能夠將諮商過程中的體會寫出來，讓這些經驗能夠幫助更多人。因此，儘管我並不是一位擅長寫作的人，依然能夠鼓起勇氣，將內心的感動和思索化為文字，與大家分享。

我特別要感謝伊玲的支持與幫助，她不僅是本書的編輯，並且我們也成為了很好的朋友。在我堅持寫作的同時，偶爾也會感到迷茫，不知該如何下筆，這時伊玲總是能給我很好的建議。她像是為我打開了一扇門，讓我能看到前進的路，將腦海中的經驗整理並轉化為有意義的文字。

遠在美國的好友許維翰，透過電話仔細和我討論書中每個典型家庭的英文翻譯寫法，使我能明確地將其含義，用道地的美語充分地呈現出來，他開玩笑說：這本書已經有美國的編輯了。我很謝謝他的用心。胡馨文和孫佩玉，是我這本書的試讀者，用充滿熱忱的態度給我許多寶貴的意見。感謝參與心理測驗製作過程中，試測的許多朋友，你知道我在說你，真心感謝。要感謝的人實在太多，感謝你們每一位對我這段旅程的支持與陪伴。是你們的鼓勵，讓我能夠完成這本書，並讓我相信，這些分享能夠為他人帶來一些正面的影響。

• NOTE •

• NOTE •

誰能不在意別人的眼光？

通過「眼光」這一關，成為更好的自己

作者——朴世光
副總編輯——簡伊玲
特約主編——金文蕙
美術設計——王瓊瑤
企劃主任——林芳如

發行人——王榮文
出版發行——遠流出版事業股份有限公司
地址——104005 台北市中山北路一段 11 號 13 樓
客服電話——（02）2571-0297
傳真——（02）2571-0197
郵撥——0189456-1
著作權顧問——蕭雄淋律師
ISBN——978-626-418-085-6

2025 年 2 月 1 日 初版一刷
定價——新台幣 420 元
（缺頁或破損的書，請寄回更換）

國家圖書館出版品預行編目 (CIP) 資料

誰能不在意別人的眼光？：通過「眼光」這一關，成為更好的自己 / 朴世光著 . -- 初版 . -- 臺北市 : 遠流出版事業股份有限公司 , 2025.02
面； 公分
ISBN 978-626-418-085-6(平裝)
1.CST: 自我肯定 2.CST: 自我實現 3.CST: 生活指導

177.2　　113019615

遠流博識網
http://www.ylib.com
E-mail: ylib@ylib.com